JN298788

同時通訳が
頭の中で一瞬でやっている
英訳術リプロセシング
ドリル

田村智子 著

SANSHUSHA

はじめに

　東京、四谷にある「日米会話学院」という学校で、同時通訳を目指す方々に、日本語から英語に訳す「日英」の通訳訓練を担当しています。受講生は、英語の得意な方々ですが、日本人ネイティブ同士で通常交わされるような、こなれた日本語を英訳するよう指名すると、途端につまってしまうことがあります。実は、自然な日本語をいきなり英訳するのは、とても難しい事なのです。しかし、最終的な英文に限りなく近い日本文を用意したうえで、英語に置き換えるようにすれば、英訳が楽になります。それが、本書で紹介する「リプロセシング」という方法です。

例)「ではそういうことで、一つよろしくお願いいたします」
1：真意をつかみ、分かりやすい日本語にする。
→「ありがとうございます。どうか本件がうまくいくといいですね」
2：主語や動詞、目的語を明確にし、英訳しやすい日本語にする。
→「どうもありがとうございます。(我々は)〜と願いましょう、物事が首尾よく運ぶように」
3：英訳する。
→ Thank you very much, and let's hope things will work out successfully.

　前著『同時通訳が頭の中で一瞬でやっている英訳術リプロセシング』では、考え方を理解しやすいように、各工程を詳細に解説しました。本書では、習得することを目的に、練習問題をたくさん用意しました。前著で学んだことを身に付けたい方はもちろん、あれこれ理屈を考えるよりまず挑戦したいという方は、本書から始められても大丈夫です。

　本書は5章構成です。まず第1章で腕試しの問題英訳をします。日本語の「意図」が分かるかどうかがポイントです。通訳は、意図が分かった瞬間に、その意図を表す英語表現が次々と浮かびます。それは、皆さんがすでに知っている簡単な表現です。第2章ではその表現を種類別に復習します。第3章では、英文の骨組みを作るために、日本語に出てこない主語や動詞、目的語や補語を明確にする練習をします。第4章では、英訳しやすい日本語にする練習をします。第5章は実力確認問題です。

　本書が少しでも皆さんの助けになれば幸いです。

田村智子

目 次

はじめに ……………………………………………………………………… 3

CHAPTER 1
真意が分かれば簡単な腕試し英訳問題 ……… 11

1 水曜の会議ですが、会議室2の予約よろしくお願いします。 ………… 13
2 こちらの座椅子、お使いになられますか?
3 ご提案の内容ですが、このような理解でよろしいでしょうか? ………… 15
4 大変申し訳ありませんが、今回は予定が合いませんで。
5 書類ですが、PDFでお送りしてもよろしいでしょうか? ………………… 17
6 どうぞお気を付けてお帰りください。
7 次回は2時半始まりというのはいかがでしょう? ………………………… 19
8 (「~はいかがですか?」と招待され、快諾する)ええ、ぜひお願いします。
9 非常に素晴らしいご提案ですね。 ………………………………………… 21
10 申し訳ないのですが、その案は予算的にはカツカツですね。
11 プロジェクトがうまくいかなかったそうで、本当に残念です。 …………… 23
12 三つの例をご紹介いたします。
13 (メールで)明日の会議の開始時間が9時半となりましたことをお知らせいたします。 … 25
14 1週間の猶予をいただきましたこと、大変恐縮しております。
15 あくまで私見ですが、現行の試験期間は短すぎるのではと。 ………… 27
16 ご連絡を差し上げるのが今になってしまい、大変申し訳ございません。
17 恐れ入りますが、遅滞料金として500円のお支払いをお願いいたします。 … 29

CHAPTER 2
文の種類別お決まりフレーズの復習 ……… 31

1 依頼(REQUESTING) ……………………………………………………… 32

2	許可依頼(REQUESTING PERMISSION)	34
3	申し出・招待(OFFERS/INVITATIONS)	36
4	承諾(ACCEPTING)	38
5	拒否・辞退(DECLINING/REFUSING)	40
6	提案(SUGGESTING)	42
7	意見(OPINIONS)	44
8	丁重な反論(DISAGREEING POLITELY)	46
9	意思・意向(INTENTIONS)	48
10	報告・伝達(REPORTING/INFORMING)	50
11	確認(CONFIRMING)	52
12	催促(URGING)	54
13	感謝(THANKING)	56
14	謝罪(APOLOGIZING)	58
15	賞賛(COMPLIMENTING)	60
16	哀悼・同情(CODOLENCES/SYMPATHY)	62
17	希望・願望(WISHES)	64
18	挨拶・社交辞令(GREETINGS/PROTOCOLS)	66

CHAPTER 3

主語と動詞を見極める練習

69

1 鈴木さんからまたお電話がありました。 71
2 (遅刻している鈴木さんからの伝言)電車の方、運転再開まだとのことです。
3 A社の島田さんなのですが、もうお見えになりましたでしょうか? 73
4 (3に続けて)会議室Bの方でお待ちいただいております。
5 ここ3年くらいTOEICのスコアが伸び悩んでおります。 75
6 このレジさっきから全然前に進まないんです。
7 うちのコピー機なんですが、なんかまだ具合が悪いんですよ。 77
8 そろそろ失礼させていただかないとなりません。
9 こちらの件は来週まで後回しOKですので。 79
10 週日は閉店が夜の7時となっております。

11	（会議の終わりに）では次回の開始時間を午後3時とさせていただきます。	81
12	（11に続けて）終了は6時となります。	
13	弊社でございますが、本社の方が来る3月1日より丸の内の方に移転になります。	83
14	（人事部があなたに）海外赴任ということも可能性としては十分あり得ますので。	
15	ここ2～3年ですね、売り上げがもうガクッと落ちまして。	85
16	もう10年以上も景気はどん底ですからね。	
17	その時点ではまだそのような認識はございませんでした。	87
18	日本はまだネットを使った選挙運動がダメなんです。	
19	佐藤さん、素晴らしいプレゼン拝聴させていただきました。	89
20	このところずっと状況の悪化が進んでおります。	
21	結構いい線行きましたね、このプロジェクト。	91
22	少々ややこしいことに、わずらわされておりまして。	
23	この件に関しましては、落ち着くのはもうちょっと先になるかと。	93
24	築50年とは思えないお家ですね。	
25	正直なところ、多少疑問にはなってきております。	95
26	あそこのお話はですね、うちも当初は半信半疑だったんですよ。	
27	3カ月越しの案件だったのですが、ようやく上からOKが出ました。	97
28	携帯の方へお電話ください。	
29	事前調査はもう済んでおりますので。	99
30	この件に関しましては、いったん白紙にということで。	
31	この報告書ですが、後半部分の内容変更が必要かと存じます。	101
32	これに関しては、あちらはすでにかなりの研究をされてますね。	
33	たった今、鈴木さんから携帯にメールをいただきました。	103
34	午後は会議が二つ入っておりまして。	
35	こちらはもうあと2週間しかありませんよ。	105
36	この道で一番経験豊富なのは御社ですので。	
37	お送りいたしましたサンプルは返却不要ですので。	107
38	この報告書のコピー3部ほどお願いできますか？	
39	先方とは明日初顔合わせとなります。	109
40	申し訳ありません、1本だけ至急電話させてください。	

41　少々やりすぎた感がなきにしもあらずかと。 ……………… 111
42　保管場所を失念してしまいました。
43　この型の現時点の売上は約5万台となっております。 ……………… 113
44　これは専門の方々にお聞きにならないと分からないのでは。
45　やはりまずはこの問題を片付けてからですね。 ……………… 115
46　何らかの対策を打ち出さないと絶対ダメですね。
47　こちらの機種はうちでは未採用です。 ……………… 117
48　すぐ先方に注意を促した方がいいですね。
49　丸々1カ月を棒に振ってしまったんですから。 ……………… 119
50　とりあえずは今後の展開を見守るしかないですね。
51　見積もりは今のところ2通り送っていただいております。 ……………… 121
52　先方から1週間の猶予をいただきました。
53　ワードの文書を添付でお送りいたします。 ……………… 123
54　第3四半期の業績見通しをご覧ください。
55　ホッチキスで止めた両面コピーのとり方を教えてください。 ……………… 125
56　(会議で)ここはもう少し使いやすくしないとダメだと思います。
57　私には何となくとっつきにくい方ですね。 ……………… 127
58　ここは全部空欄のままで結構ですので。
59　全過程において透明性を重視しております。 ……………… 129
60　ではこれを持ちまして本日の会議を閉会の運びといたします。

CHAPTER 4
英訳できる日本語にして英訳する練習 ……………… 131

1　(仕事中の人に)失礼します、ちょっとよろしいですか? ……………… 133
2　(1に続けて)実は、今回のX社とのプロジェクトなのですが。 ……………… 135
3　(2に続けて)少々ご相談したいことがございます。 ……………… 137
4　(個人的には面識のない得意先の訪問客に)
　　木村様、いつも大変お世話になっております。 ……………… 139
5　(メールで)本日、御社営業の鈴木課長に3時からのお約束をいただいております。 … 141

6	(受付で「鈴木課長に3時からのお約束をいただいております」と伝えたあと) お取り次ぎいただけますか?	143
7	(訪問先で)(佐藤)社長さん、いらっしゃらなければ、また日を改めまして。	145
8	(7に続けて)お戻りになられましたら、ぜひよろしくお伝えください。	147
9	(8に続けて)それと、これよろしければ皆さんで召し上がってください。	149
10	(電話で)営業部長のグプタさんいらっしゃいますでしょうか?	151
11	あいにく土日は立て込んでおりまして。	153
12	明日のZ社との打ち合わせなのですが、開始が朝の8時45分に変更になりました。	155
13	(12に続けて)明朝は自宅から直接Z社の方へ 伺いたいのですがよろしいでしょうか?	157
14	(重要な相手との商談中に、重要な顧客から携帯に電話がかかってきて) 大変申し訳ございません、少々失礼させていただけますか?	159
15	誠に恐縮ながら、本日時点での御社からのお振込みの確認がまだ取れておりません。	161
16	お心遣いは誠に恐縮なのですが。	163
17	(16に続けて)(お心遣いは大変ありがたいのですが、) 私には到底分不相応のお話では と。	165
18	はなはだ恐縮ですが、私どもの記憶では そのようなお話はお聞きしていなかったかと。	167
19	今回は無理ですが、次回ぜひよろしくお願いします。	169
20	コーヒーの方、冷めないうちにどうぞ。	171
21	(20に答えて)では遠慮なくいただきます。	173
22	私どもといたしましては、X案に比べましてより簡素なY案の方がお薦めかと。	175
23	あくまで私見ではございますが、X案もY案も甲乙付け難いのでは、と存じます。	177
24	そうですね、1週間ほどみていただければ、確実にご用意できるかと存じます。	179
25	誠にせんえつながら申し上げますと、 X案の方は資金的にもかなり無理がかかるかと。	181
26	それではこれ以降の議論は来週に持ち越しということでよろしいでしょうか?	183
27	来週あたり一席設けさせていただければ、と思っているのですが。	185
28	念のため直通の電話番号を伺ってもよろしいでしょうか?	187
29	締め切りに間に合われたのは何よりです。	189
30	まだ不慣れではありますが、がんばりますのでどうぞよろしくお願い申し上げます。	191

CHAPTER 5
実力確認問題

1　木曜の会議ですが、6時20分までで切り上げてください。

2　(1に続けて)会議室3に6時30分から予定が入っておりますので。

3　(1と2に答えて)申し訳ないのですが、7時過ぎまでかかります。

4　(3に続けて)どこか別の会議室を使っていただけませんでしょうか？

5　このたびはお世話になります。先日のお話の草案がまとまりました。

6　今から添付でお送りしたいのですが、PDFでよろしいですか？

7　できましたらワードの方で送っていただけますか？

8　そうしていただくと手直しの方が楽になります。

9　書類ですが、本日書留でお送りいたしました。

10　受領書に署名捺印の上、同封の返信封筒でご郵送のほどお願いいたします。

11　よろしければこちらの会議室のテーブルをお使いください。

12　(11に答えて)恐れ入ります。もう済みましたので大丈夫です。

13　実は来週の水曜に例の講習会があるのですが、いらっしゃいますか？

14　(13に答えて)水曜日は予定が入っちゃってるんですよ。

15　(13に答えて)ええぜひお願いいたします。念のため開始時間だけ確認させてください。

16　(職場のリーダーがメンバー全員に)現在扱っている案件すべてに同様の問題がないか、まず確認が必要です。

17　(16に続けて)問題がありそうな場合は、直ちに私に報告してください。

18　(17に続けて)この調査に直ちに取り掛かりたいと思います。

19　(メンバーの一人が18に続けて)明日の夕方にもう1度皆で集まりますか？

20　(リーダーが19に答えて)できれば今日の夕方、と私は思っていたのですが、皆さんはどうですか？

21　確かにお申し出の内容自体は申し分ないのですが、

22　(21に続けて)今がその時期かと申しますと少々違った見方をいたしております。

23　確かにおっしゃるとおりなのですが、

24　(23に続けて)これをやるためには、現在の計画の抜本的見直しが必要になってくるのではないでしょうか。

25　誠にせんえつながら、必ずしもそうではないのではと。

26　では次にデータをいくつか検証いたしましょう。　　………………… 205

27　二つの図表をご覧いただきたいと思います。

28　恐れ入りますが、こちらの照明だけ少々暗くしてもよろしいでしょうか?

29　次になぜこのような事態が起きているかをご説明いたします。

30　すでに周知のこととは存じますが、弊社は7月より
　　本社にございます三つの部署を一つに統合いたします。

31　(メールで)いつも大変お世話になっております。
　　来シーズンの新製品に関しましてご連絡いたします。　………………… 207

32　いただいたお電話で恐縮なのですが、
　　実は来週の打ち合わせについてお尋ねしたいことがございまして。

33　7月15日に貸し出されております、以下の10点の本の返却がまだされておりません。

34　(33に答えて)未返却の本についていただいたご連絡に関してメールをいたします。

35　(34に続けて)先週の日曜、8月19日ですが、間違いなく返却しております。

36　先月のお支払いに関しまして、本日時点でのお振込みが
　　いまだ確認できておりません。　………………… 209

37　大変申し訳ございません。事務手続きの手違いがございました。

38　本日午後電信でお振込みいたしました。

39　今週金曜日までに振込みが確認されませんと、10パーセントの遅滞料金が課せられます。

40　この会を成功に導くため多大なるご尽力を賜りましたこと深く感謝申し上げます。

41　(40に答えて)いえいえ、何も大したことはしておりません。　………………… 211

42　(41に続けて)私などはかえってお若い方の足手まといになったようなものですので。

43　こちらは粗品でございます。よろしかったらお持ち帰りください。

44　皆様にこのような多大なご迷惑をおかけしてしまいましたこと重ね重ねお詫び申し上げます。

45　ひとえに社長としての私の不徳のいたすところでございます。

46　皆、必死の思いで頑張りましたが、力及ばずでした。　………………… 213

47　どんなにか無念でしょう。

48　ご転職おめでとうございます。

49　新しい土地でいろいろ不安もあるでしょうが、頑張ってください。

50　今後ともご指導ご鞭撻のほどよろしくお願い申し上げます。

CHAPTER 1
真意が分かれば簡単な腕試し英訳問題

英訳の秘策として「リプロセシング」をおすすめします。
段階を追って試していきましょう。

Chapter 1 真意が分かれば簡単な
腕試し英訳問題

⬇

Chapter 2 文の種類別
お決まりフレーズの復習

⬇

Chapter 3 主語と動詞を見極める練習

⬇

Chapter 4 英訳できる日本語にして、
英訳する練習

⬇

Chapter 5 実力確認の英訳問題

問題 次の日本語を英訳してみましょう。

① 水曜の会議ですが、会議室2の予約よろしくお願いします。

ヒント: この文の意図は、「依頼」です。英語で依頼するとき、どのような表現を使うでしょうか?

② こちらの座椅子、お使いになられますか?

ヒント: この文の意図は、「申し出」です。英語で何か申し出をするとき、どのような表現を使うでしょうか?

解答

1 水曜の会議ですが、会議室2の予約よろしくお願いします。
Could you reserve Conference Room 2 for our Wednesday meeting?

この文の意図は、「依頼」です。それが分かれば、依頼の際よく使うCould you...?という表現を思い出します。次に、問題文を英語の構文に沿った日本語に書き換えます。

あなたは〜できますか、会議室2を予約することが、我々の水曜日の会議のために?

ここまでくれば、英語に置き換えるだけです。
- **あなたは〜できますか、** Could you
- **会議室2を予約することが、** reserve Conference Room 2
- **我々の水曜日の会議のために?** for our Wednesday meeting?

2 こちらの座椅子、お使いになられますか?
Would you like to use this floor chair?

この文の意図は、「申し出」です。それが分かれば、何か申し出る際よく使うWould you like to...?という表現を思い出します。次に、問題文を英語の構文に沿った日本語に書き換えます。

あなたは〜したいですか、この床の（に置く）椅子を使うこと?

ここまでくれば、英語に置き換えるだけです。
- **あなたは〜したいですか、** Would you like to
- **この床の（に置く）椅子を使うこと?** use this floor chair?

問題 次の日本語を英訳してみましょう。

③ ご提案の内容ですが、このような理解でよろしいでしょうか?

（回答欄）

ヒント: この文の意図は、「確認」です。英語で確認するとき、どのような表現を使うでしょうか?

④ 大変申し訳ありませんが、今回は予定が合いませんで。

（回答欄）

ヒント: この文の意図は、「拒否・辞退」です。英語で拒否・辞退するとき、どのような表現を使うでしょうか?

解答

3 ご提案の内容ですが、このような理解でよろしいでしょうか？
Let me just confirm your suggestion.

　この文の意図は、「確認」です。英語で確認する際よく使うLet me confirm...という表現を思い出します。次に、問題文を英語の構文に沿った日本語に書き換えます。
私に手短に〜を確認させてください、あなたの提案を。
　ここまでくれば、英語に置き換えるだけです。
- **私に手短に〜を確認させてください、** Let me just confirm
- **あなたの提案を。** your suggestion.

4 大変申し訳ありませんが、今回は予定が合いませんで。
I am very sorry, but I'm afraid I won't be able to make it this time.

　この文の意図は、「拒否・辞退」です。それが分かれば、拒否・辞退する際使うI am sorry, but I'm afraid...という表現を思い出します。次に、問題文を英語の構文に沿った日本語に書き換えます。
私は大変申し訳なく思います、しかし私は〜と恐れます、私が〜することができないであろうと、都合を付けることが、今回。
　ここまでくれば、英語に置き換えるだけです。
- **私は大変申し訳なく思います、** I am very sorry,
- **しかし私は〜と恐れます、** but I'm afraid
- **私が〜することができないであろうと、** I won't be able to
- **都合を付けることが、** make it
- **今回。** this time.

問題 次の日本語を英訳してみましょう。

⑤ 書類ですが、PDFでお送りしてもよろしいでしょうか？

ヒント: この文の意図は、「許可依頼」です。英語で許可を依頼するとき、どのような表現を使うでしょうか?

⑥ どうぞお気を付けてお帰りください。

ヒント: この文の意図は、「希望・願望」です。英語で希望・願望を表すとき、どのような表現を使うでしょうか?

解答

5 書類ですが、PDFでお送りしてもよろしいでしょうか？
Would it be possible for me to send you the document in PDF?

　この文の意図は、「許可依頼」です。英語で許可を依頼する際よく使うWould it be possible for me to...?という表現を思い出します。次に、問題文を英語の構文に沿った日本語に書き換えます。

それは可能でしょうか、私にとって、あなたにその書類を送ることは、PDFで？

　ここまでくれば、英語に置き換えるだけです。

- **それは可能でしょうか、** Would it be possible
- **私にとって、** for me
- **あなたにその書類を送ることは、** to send you the document
- **PDF で？** in PDF?

6 どうぞお気を付けてお帰りください。
I hope you'll have a safe trip back.

　この文の意図は、「希望・願望」です。英語で希望・願望を表す際よく使うI hope that...という表現を思い出します。次に、問題文を英語の構文に沿った日本語に書き換えます。

私は願います、〜であるようにと、あなたが持つことを、安全な旅を、戻りで。

　ここまでくれば、英語に置き換えるだけです。

- **私は願います、** I hope
- **〜であるようにと、** (that)
- **あなたが持つことを、** you'll have
- **安全な旅を、** a safe trip
- **戻りで。** back.

問題 次の日本語を英訳してみましょう。

⑦ 次回は2時半始まりというのはいかがでしょう?

ヒント: この文の意図は、「提案」です。英語で提案するとき、どのような表現を使うでしょうか?

⑧ (「〜はいかがですか?」と招待され、快諾する)
ええ、ぜひお願いします。

ヒント: この文の意図は、「承諾」です。英語で承諾するとき、どのような表現を使うでしょうか?

解答

7 次回は2時半始まりというのはいかがでしょう?
How about starting from 2:30 p.m. next time?

　この文の意図は、「提案」です。英語で提案する際よく使うHow about...?という表現を思い出します。次に、問題文を英語の構文に沿った日本語に書き換えます。
始めるということはいかがですか、2時半から、次は。
　ここまでくれば、英語に置き換えるだけです。
- **始めるということはいかがですか、** How about starting
- **2時半から、** from 2:30 p.m.
- **次は。** next time?

8 (「〜はいかがですか?」と招待され、快諾する)
ええ、ぜひお願いします。
Yes, that would be most wonderful.

　この文の意図は、「承諾」です。英語で承諾する際よく使うThat would be wonderful.という表現を思い出します。次に、問題文を英語の構文に沿った日本語に書き換えます。
はい、それはとても素晴らしいことになるでしょう。
　ここまでくれば、英語に置き換えるだけです。
- **はい、** Yes,
- **それはとても素晴らしいことになるでしょう。**
　　that would be most wonderful.

問題 次の日本語を英訳してみましょう。

⑨ 非常に素晴らしいご提案ですね。

ヒント: この文の意図は、「賞賛」です。英語で賞賛するとき、どのような表現を使うでしょうか?

⑩ 申し訳ないのですが、その案は予算的にはカツカツですね。

ヒント: この文の意図は、「丁寧な反論」です。英語で丁寧に反論するとき、どのような表現を使うでしょうか?

解答

9 非常に素晴らしいご提案ですね。
What a brilliant idea!

この文の意図は、「賞賛」です。英語で賞賛する際よく使うWhat a...!という表現を思い出します。次に、問題文を英語の構文に沿った日本語に書き換えます。

何と素晴らしい〜でしょう、優れた提案!

ここまでくれば、英語に置き換えるだけです。

- **何と素晴らしい〜でしょう、** What a
- **優れた提案!** brilliant idea!

10 申し訳ないのですが、その案は予算的にはカツカツですね。
I'm sorry, but I'm afraid that our budget is too tight for that.

この文の意図は、「丁寧な反論」です。英語で丁寧に反論する際よく使うI'm sorry, but I'm afraid... という表現を思い出します。次に、問題文を英語の構文に沿った日本語に書き換えます。

私は申し訳なく思う、しかし我々の予算はきつ過ぎます、それのためには。

ここまでくれば、英語に置き換えるだけです。

- **私は申し訳なく思う、** I'm sorry,
- **しかし我々の予算はきつ過ぎます、**
    but I'm afraid that our budget is too tight
- **それのためには。** for that.

22

問題 次の日本語を英訳してみましょう。

⑪ プロジェクトがうまくいかなかったそうで、本当に残念です。

ヒント: この文の意図は、「哀悼・同情」です。英語で哀悼・同情するとき、どのような表現を使うでしょうか?

⑫ 三つの例をご紹介いたします。

ヒント: この文の意図は、「意思・意向」です。英語で意思・意向を表すとき、どのような表現を使うでしょうか?

解答

11 プロジェクトがうまくいかなかったそうで、本当に残念です。
I am very sorry to hear that the project didn't work out.

　この文の意図は、「哀悼・同情」です。英語で哀悼・同情する際よく使う I am very sorry to hear... という表現を思い出します。次に、問題文を英語の構文に沿った日本語に書き換えます。
私は大変残念に感じています、〜と聞いて、そのプロジェクトが、うまく行かなかったと。
　ここまでくれば、英語に置き換えるだけです。
- **私は大変残念に感じています、** I am very sorry
- **〜と聞いて、** to hear that
- **そのプロジェクトが、** the project
- **うまく行かなかったと。** didn't work out.

12 三つの例をご紹介いたします。
Let me give you three examples.

　この文の意図は、「意思・意向」です。英語で意思・意向を表す際よく使う Let me... という表現を思い出します。次に、問題文を英語の構文に沿った日本語に書き換えます。
私に〜させてください、あなたに与えることを、三つの例を。
　ここまでくれば、英語に置き換えるだけです。
- **私に〜させてください、** Let me
- **あなたに与えることを、** give you
- **三つの例を。** three examples.

問題 次の日本語を英訳してみましょう。

⑬ （メールで）明日の会議の開始時間が9時半となりましたことをお知らせいたします。

ヒント: この文の意図は、「報告・伝達」です。英語で報告・伝達するとき、どのような表現を使うでしょうか？

⑭ 1週間の猶予をいただきましたこと、大変恐縮しております。

ヒント: この文の意図は、「感謝」です。英語で感謝を表すとき、どのような表現を使うでしょうか？

解答

13

（メールで）明日の会議の開始時間が9時半となりましたことをお知らせいたします。

This is a quick note to inform you that our meeting will start at 9:30 tomorrow morning.

この文の意図は、「報告・伝達」です。英語で報告・伝達する際よく使うThis is（a quick...）to... という表現を思い出します。次に、問題文を英語の構文に沿った日本語に書き換えます。

これは、手短なメールです、あなたに伝えるための、我々の会議は始まる予定であるという、9時半に、明朝の。

ここまでくれば、英語に置き換えるだけです。
- **これは、** This is
- **手短なメールです、** a quick note
- **あなたに伝えるための、** to inform you that
- **我々の会議は始まる予定であるという、** our meeting will start
- **9時半に、** at 9:30
- **明朝の。** tomorrow morning.

14

1週間の猶予をいただきましたこと、大変恐縮しております。

Thank you very much for giving us one extra week.

この文の意図は、「感謝」です。英語で感謝する際よく使うThank you very much for... という表現を思い出します。次に、問題文を英語の構文に沿った日本語に書き換えます。

〜を大変ありがとうございます、与えてくれたこと、我々に、もう一つ追加の週を。

ここまでくれば、英語に置き換えるだけです。
- **〜を大変ありがとうございます、** Thank you very much
- **与えてくれたこと、** for giving
- **我々に、** us
- **もう一つ追加の週を。** one extra week.

問題 次の日本語を英訳してみましょう。

⑮ あくまで私見ですが、現行の試験期間は短すぎるのではと。

ヒント: この文の意図は、「意見」です。英語で意見するとき、どのような表現を使うでしょうか?

⑯ ご連絡を差し上げるのが今になってしまい、大変申し訳ございません。

ヒント: この文の意図は、「謝罪」です。英語で謝罪するとき、どのような表現を使うでしょうか?

解答

15
あくまで私見ですが、現行の試験期間は短すぎるのではと。
Personally, I feel that the current test period is too short.

この文の意図は、「意見」です。英語で意見する際よく使うPersonally, I feel that...という表現を思い出します。次に、問題文を英語の構文に沿った日本語に書き換えます。
個人的には、私は〜と感じます、現在の試験期間は短すぎると。
ここまでくれば、英語に置き換えるだけです。
- **個人的には、** Personally,
- **私は〜と感じます、** I feel that
- **現在の試験期間は短すぎると。** the current test period is too short.

16
ご連絡を差し上げるのが今になってしまい、大変申し訳ございません。
I'm very sorry for not contacting you much sooner.

この文の意図は、「謝罪」です。英語で謝罪する際よく使うI'm very sorry for...という表現を思い出します。次に、問題文を英語の構文に沿った日本語に書き換えます。
私〜について非常に申し訳なく思っている、連絡をとらなかったこと、あなたに、もっと早く。
ここまでくれば、英語に置き換えるだけです。
- **私〜について非常に申し訳なく思っている、** I'm very sorry for
- **連絡をとらなかったこと、** not contacting
- **あなたに、** you
- **もっと早く。** much sooner.

問題 次の日本語を英訳してみましょう。

⑰ 恐れ入りますが、遅滞料金として500円のお支払いをお願いいたします。

ヒント: この文の意図は、「催促」です。英語で催促するとき、どのような表現を使うでしょうか?

解答

17 恐れ入りますが、遅滞料金として500円のお支払いをお願いいたします。

I'm afraid we'd have to ask for an additional 500-yen as a late fee.

　この文の意図は、「催促」です。英語で催促する際よく使うI'm afraid we'd have to ask for... という表現を思い出します。次に、問題文を英語の構文に沿った日本語に書き換えます。

私は〜と恐れます、我々は〜を請求せねばならないと、追加の500円を、遅れの手数料として。

　ここまでくれば、英語に置き換えるだけです。

- 私は〜と恐れます、　I'm afraid
- 我々は〜を請求せねばならないと、　we'd have to ask for
- 追加の500円を、　an additional 500-yen
- 遅れの手数料として。　as a late fee.

CHAPTER 2
文の種類別 お決まりフレーズ の復習

1. 依頼 (REQUESTING)

条件反射フレーズ

① **Could you...?**
　〜していただけますか?

② **Do you think you could...?**
　〜していただくことができますか?

③ **I wonder if you could...?**
　恐れ入りますが、〜していただくことができますでしょうか?

　日本語で、どんなにへりくだった控えめな表現をしていても「依頼」は、要するに「あなたは〜できますか?」ということです。よって「あなた」が主語になります。③の主語は「私」ですが「あなたが〜できるかどうか」という後半の主語は「あなた」です。①、②、③の順に丁寧度が高くなり、possibly を付ければ、さらに丁寧になります。単に命令形にPleaseを付けただけでは、ぶっきらぼうになるので、避けましょう。Please turn off the computer. や、Can you...? の形でCan you turn off the computer? では「コンピューター、消して」とか「コンピューター、消してくれる?」という感じに聞こえます。ましてや、命令形は使うべきではありません。

① 水曜の会議ですが、会議室2の予約よろしくお願いします。
Could you reserve Conference Room 2 for our Wednesday meeting?

② 明日だけどね、ちょっと残業いいかな?
Do you think you could do some overtime tomorrow?

③ 来週末までにすべての段取りをお願いしてもよろしいでしょうか?
I wonder if you could make all the arrangements before the end of next week?

> **押さえておくべきフレーズ**
>
> ④ **Would it be possible for you to...?**
>   〜していただくことはできますでしょうか?
>
> ⑤ **I wonder if it would be possible for you to...?**
>   恐れ入りますが、〜していただくことはできますでしょうか?
>
> ⑥ **If you could..., that would be most helpful.**
>   〜していただけますと大変助かります。

　④は①の Could you...? の言い換えで、より婉曲的です。⑤は③の I wonder if you could...? の言い換えです。丁寧な「依頼」の表現ですので、口頭、メールを問わず安心して使えます。⑥の「〜していただけますと大変助かります」は、仮定法過去を使った婉曲的な丁寧な依頼の文です。if 節の主語は「あなた」で、後半の主語 that は、その前の if 節全体を指します。この⑥は、If you could..., I would appreciate it very much.「もしあなたが〜できるのなら、私はそれをとても感謝するでしょう」と言い換えられます。その場合、後半の主語は I「私」です。appreciate「〜に感謝する」は他動詞ですので、目的語 it が必要です。

④ 会議の前に、ちょっとお電話をちょうだいできますか?
Would it be possible for you to give me a quick call before the meeting starts?

⑤ 明日鈴木さんに連絡していただけますでしょうか?
I wonder if it would be possible for you to contact Mr. Suzuki tomorrow?

⑥ できましたら変更済の物を月曜までにいただけると大変助かります。
If you could send us the revision by Monday, that would be most helpful.

2. 許可依頼 (REQUESTING PERMISSION)

条件反射フレーズ

① **May I...?**
〜してもよろしいですか?

② **Could I...?**
〜してもよろしいでしょうか?

③ **Would it be possible for me to...?**
〜してもよろしいでしょうか?

　「依頼」は、話し相手である「あなた」が「〜できるかどうか」を聞く表現ですが「許可依頼」は、話している「私」が「〜してもいいかどうか」を聞く表現です。主語は「私」です。

　①の May I...? は基本的な表現、②の Could I...? は丁寧な表現、③はより丁寧な表現です。「依頼」の表現で、Would it be possible for you to...? がありますが、この表現の you が me になります。it は仮主語で、本当の主語は for me の me「私」です。ちなみに Can I...? としてしまうと「〜してもいい?」という感じの、かなりくだけた印象を与えてしまいます。

① (会議で誰かの発言中に)すみません、ちょっと一言よろしいですか?
May I interrupt you here for a second?

② 明日の会議で、データをちょっと拝借させていただけますか?
Could I use your data at the meeting tomorrow?

③ 書類ですが、PDF でお送りしてもよろしいでしょうか?
Would it be possible for me to send you the document in PDF?

押さえておくべきフレーズ

④ **Do you mind if I...?**
　〜してもよろしいですか?

⑤ **Would it be all right if I...?**
　〜してもよろしいでしょうか?

⑥ **I wonder if it would be possible for me to...?**
　恐れ入りますが〜してもよろしいでしょうか?

　④の Do you mind if I...? の mind は、ここでは「嫌がる」という自動詞です。「私が〜しても、あなたはそれを嫌に思わないか?」と聞く表現で、おそらく拒否されないハードルの低い「許可依頼」に使います。

　⑤の Would it be all right if I...? は、③の Would it be possible for me to...? の possible を all right にかえた「私が〜しても大丈夫か?」と問う表現です。Would は仮定法過去を使った婉曲表現ですので、if I に続く動詞は、過去形であることに注意しましょう。

　⑥の I wonder if it would be possible for me to...? は③の Would it be possible for me...? をさらに丁寧にした表現です。③と同様に it は仮主語で、本当の主語は for me の me「私」です。

④ エアコンの温度、ちょっとだけ下げてもいいですか?

Do you mind if I turn down the air conditioner just a little?

⑤ 本日の会議なのですが、10分早めに失礼させていただいてもよろしいでしょうか?

Would it be all right if I left the meeting 10 minutes earlier today?

⑥ 来週あたり伺えればと思っておりますが、ご都合いかがでしょうか?

I wonder if it would be possible for me to visit you sometime next week?

3. 申し出・招待 (OFFERS/INVITATIONS)

条件反射フレーズ

① **Would you like to...?**
　〜はいかがですか?

② **Would you be interested in...?**
　〜などはいかがですか?

③ **How about...?**
　〜などはいかがですか?

　「申し出」も「招待」も誘いの表現です。相手に「〜したいか否か」「〜することに興味があるかどうか」を聞きますので、基本的に主語は「あなた」です。

　①は「あなたは〜したいですか?」と、興味や関心を聞きます。このWould you like to...? はDo you want to...?と意味は同じですが、とても丁寧です。②のWould you be interested in...? のwouldは仮定法のwouldで「(もし私がお誘いしたら)あなたは〜に興味を持たれるでしょうか?」という意味で、誘いの表現です。現在形のAre you interested in...?は、文字通り「〜に興味・関心があるかどうか」を質問しているだけで、誘っているとは限りません。③は「〜はどうですか?」で「〜はいかがですか?」というお誘いで、「提案」の表現と同じです。前置詞aboutの後には、名詞を入れます。

① こちらの座椅子、お使いになられますか?
　 Would you like to use this floor chair?

② このワークショップなのですが、ご興味等おありでしょうか?
　 Would you be interested in attending this workshop?

③ 今日、帰りがてらにビールでもどう?
　 How about a beer after work today?

押さえておくべきフレーズ

④ **I wonder if you'd be interested in...?**
もしよろしければ〜でもいかがですか?

⑤ **Let me...**
〜してあげますね。

⑥ **Please...**
ぜひ〜なさってください。

　④は②にI wonder if...を付け加え、より丁寧にした表現です。主語は「私」で「〜かどうか思っている」が動詞です。⑤は直訳では「私に〜させてくれ」で「許可依頼」のように聞こえますが、実際は相手にはほとんど断る選択の余地や必要がない状況で使われる「申し出」です。「〜しますね」「〜してあげますね」というニュアンスです。⑥はPleaseが付いた命令文です。「依頼」として使うとぶっきらぼうで「〜せよ」のような感じになってしまうのですが、「申し出」や「招待」として使う場合は、ニュアンスが違い、「ぜひ〜してください」という強い申し出や誘いの表現になります。

④ 来週あたり、もしよろしければお食事でも、と思っているのですが。
I wonder if you'd be interested in dinner sometime next week?

⑤ ティッシュペーパー、もっと持ってきますね。
Let me bring some more tissues.

⑥ 次回東京にお越しの際は、ぜひお立ち寄りください。
Please visit us next time you are in Tokyo.

4. 承諾 (ACCEPTING)

条件反射フレーズ

① **No problem. / Sure. / Certainly.**
いいですよ。了解です。承知いたしました。

② **I'd be very happy to.**
(1)(依頼への快諾)喜んで〜いたします。
(2)(招待の受諾)ぜひ〜いたします。

③ **That would be wonderful.**
ぜひお願いいたします。

　①は「依頼」を「承諾」する表現です。No problem.とSure.はインフォーマル、Certainly.はフォーマルです。Sure, no problem.という形も使います。②は「依頼への快諾」と「招待の受諾」で使います。主語は「私」で、I'dはI wouldで仮定法です。「依頼への快諾」では「ええ、喜んで〜いたします」、「招待の受諾」では「ええ、ぜひ〜いたします」という意味です。③は「ぜひお願いいたします」という快諾の表現です。主語はthatで「招待や申し出の内容」を指します。仮定法wouldは「もしそうしていただけるのなら、それはとても素晴らしいでしょう」というニュアンスです。

① 依頼への承諾:(〜していただけますか?) ―はい、了解です。
  Sure, no problem at all.

② (1)依頼への快諾:(〜していただけますか?) ―ええ、喜んで。
  Yes, I'd be very happy to.

② (2)招待の受諾:(〜はいかがですか?) ―はい、ぜひ。
  Yes, I'd be very happy to.

③ 招待の快諾:(〜はいかがですか?) ―ええ、ぜひお願いします。
  Yes, that would be most wonderful.

> **押さえておくべきフレーズ**
>
> ④ **I'd be happy to oblige.**
>   喜んでお引き受けいたします。
>
> ⑤ **Thank you very much for... I'd be delighted to.**
>   ～へのお誘いありがとうございます。ぜひお願いいたします。
>
> ⑥ **I'll take you up on your offer.**
>   ではその通りお言葉に甘えさせていただきます。

　④は②の「依頼への快諾」I'd be happy to. を補完したものです。この oblige は「願いを引き受ける」という自動詞で、I'd be happy to help. とも言えます。「～に…することを義務付ける」(oblige + 人 + to do...) という意味の他動詞 oblige とは違います。⑤は②の「招待の受諾」を、完全な文にしたものです。まず「招待」にお礼をし、喜んでお受けすると伝えます。delighted to は happy to よりフォーマルです。⑥は相手から「～いたしましょうか?」といった「とてもありがたい申し出」をされ「そうさせていただきたい」とき使われる慣用表現です。I'll take you up の後は on your offer「あなたの申し出を」や、on that offer「その申し出を」、あるいは on it「それを」などが続きます。

④ 依頼への快諾：ええ、喜んでいたしますよ。
   Certainly. I'd be happy to oblige.

⑤ 招待の受諾：ありがとうございます。ぜひ参加させてください。
   Thank you very much. I'd be delighted to join you.

⑥ 申し出の受諾：もしご迷惑でなければ、お言葉に甘えさせていただきます。
   If it is not too much trouble, I'll take you up on your offer.

5. 拒否・辞退 (DECLINING/REFUSING)

条件反射フレーズ

① **I am sorry, but I'm afraid...**
申し訳ないのですが、〜。

② **Thank you very much for..., but I'm afraid...**
(お誘い)大変恐縮ですが、〜。

③ **I understand your situation, but I'm afraid...**
ご事情は(重々)承知しておりますが、〜。

①は相手にとってネガティブな知らせを伝えるスタンダードな表現です。断らなければならない本人である「私」が主語です。I'm sorry, but... だけですでに相手にはネガティブな知らせであることが伝わりますが、I'm afraidと続けることで、相手に心の準備をしてもらうことができます。②は特に誘いや申し出に対するお断りです。まず、相手に感謝をした後で、はっきりと断ります。よりフォーマルな場では、I very much appreciate..., but... と言い換えることができます。③は「私」を主語にして、相手の立場が分からないわけではないと伝えたうえで、①や②と同じように気持ちを伝えながら、はっきりとお断りします。

① 大変申し訳ありませんが、今回は予定が合いませんで。
I am very sorry, but I'm afraid I won't be able to make it this time.

② せっかくのお誘いなのですが、あいにくその晩は遅番でして。
Thank you very much for your invitation, but I'm afraid I have to work that evening.

③ ご事情等、重々承知はしておるのですが、こちらももうこれがギリギリでして。
I understand your situation, but I'm afraid this is our best possible offer.

押さえておくべきフレーズ

④ **I very much sympathize with your situation, but I'm afraid...**
ご事情は重々拝察申し上げますが、〜です。

⑤ **I'm afraid I would have to say no.**
誠に恐縮ながらご期待に添うことは難しいと思います。

⑥ **Could I take a rain check?**
次回はぜひお願いします。

　④は③の変形です。相手の状況が分かるならunderstand your situation、その状況に同情を示したいのならばsympathize with your situationです。相手の方自身に対しての同情ならsympathize with youです。⑤はI'm afraid... 以下の部分で誤解のないようにきっぱりと断りの意向を示す表現です。wouldを入れることで表現を少し和らげます。⑥は比較的親しい方の「招待」を断る「今回は無理ですが次回はぜひ」という意味のインフォーマルな慣用表現です。

④ ご事情は重々拝察いたしますが、今回はどうかご勘弁ください。
We very much sympathize with your situation, but I'm afraid we are not able to do it this time.

⑤ 大変申し訳ありませんが、ご要望に沿うのは非常に難しいかと。
I'm afraid we would have to say no to this.

⑥ 今回は申し訳ありません。でも次回は必ず参加しますので。
Thank you for the invitation, but could I take a rain check?

6. 提案 (SUGGESTING)

条件反射フレーズ

① **Let's...**
　〜しましょう。

② **Perhaps we should...**
　〜した方がよいのではと思います。

③ **How about ...?**
　〜するというのはいかがでしょうか?

　「提案」の文は、話し手が誰に提案しているかで主語が決まります。自分と話し相手を同じ立場に置いたり、自分が属するグループのほかのメンバーに対して「我々は〜してはどうか?」と提案するのであれば、主語は「我々」です。自分を含めないで相手に対してのみの提案なら主語は「あなた(方)」になります。①は「我々」を主語にしたシンプルですが、ストレートに「〜しましょう」と言い切る表現です。②は「〜した方がよいのでは」というやや婉曲的な表現です。直訳では「〜すべきだ」ですが、英語の語感では「〜した方がよい」です。「〜した方がよい」という日本語からは、had betterを思い出してしまうかもしれませんが、実はshouldよりきつい表現で「〜しないと大変なことになるぞ」と、相手に選択権を与えない表現ですので、気を付けましょう。この表現は「我々」や「あなた(方)」のほかに「彼(ら)」のような第三者に対する提案にも使えます。③は「〜するのはいかがでしょう?」という疑問形の提案です。aboutは前置詞で、その後は動名詞が続きます。

① まずはあちらから再度コンタクトがあるまで様子を見ましょう。
   Let's wait until we hear from them again.

② 坂本さんの方には、こちらから直接連絡を差し上げるのがよろしいかと存じます。
   Perhaps we should contact Mr. Sakamoto directly.

③ 次回は2時半始まりというのはいかがでしょう?
   How about starting from 2:30 p.m. next time?

押さえておくべきフレーズ

④ **Why don't we...?**
〜しませんか?

⑤ **Shall we say that...?**
〜ということでどうでしょうか?

⑥ **I suggest that...**
〜べきだと提案いたします。

　④の主語は「我々」です。直訳すると「なぜ我々は〜しないのですか?」ですが、意味は「〜しませんか?」という提案です。⑤の主語も「我々」です。Shall we...?「(我々が)〜しましょうか?」という相手に対して伺いを立てる表現の複数形です。「我々は〜しましょうか?」と伺いを立てながら提案をします。Shall we...? だけでも良いのですが、Shall we say that...?「〜と言いましょうか?」とすると「(結論として)〜ということでどうでしょうか?」という婉曲な提案になります。⑥は「私」が主語で that 節の主語の人に対する提案となります。この that 節では、主語の人称や主節の時制にかかわらず、動詞は原型を使います。例えば I suggested yesterday that he try contacting them again.「彼の方からもう1度あちらに連絡を入れるべきである、と私は昨日提案しました」となります。(イギリス英語では動詞の前に should が入ることもあります)

④ とりあえず手持ちの材料で始めるだけ始めてみませんか?
Why don't we just start with what we have now?

⑤ 双方さらなる検討をしてから、ということでよろしいでしょうか?
Shall we say that we'll both think about it a little more?

⑥ 会議の中止を持ちかけたのですが、応じられないと言われまして。
I suggested that the meeting be cancelled, but they refused to do so.

7. 意見 (OPINIONS)

条件反射フレーズ

① **I think that… / I believe that… / I feel that…**
〜と思います。

② **Personally, I think that… / I believe that… / I feel that…**
あくまで私見ですが、〜と思います。

③ **It seems to me that…**
〜ではないかと思われます。

厳密に言うと、「意見」を言うための決まったフレーズは必要ありません。なぜなら論文やレポートでは、内容すべてが筆者の考えや考察ですので、「Xは〜だ」と思えばX is...とし、「Xは〜すべきだ」と思えばX should...とし、「Xは〜かもしれない」ならX might...とすれば良いのです。しかし、口頭では、断定的な言い方を避けたり、誰の考えかを明確にするためI think…「私が思うには」とかWe think…「弊社としては」とします。①のthinkとbelieveは、ほぼ同意です。feelは少し語調を和らげたいとき使います。②はpersonallyを用いて「あくまで個人の考え」と断った上で、発言します。①と②の主語は「私」です。③は仮主語itを使った「〜のように思われる」という間接的な意見の伝え方です。

① 弊社といたしましては、やはりB案よりはA案ですね。
 We think Plan A is better than Plan B.

② あくまで私見ですが、現行の試験期間は短すぎるのではと。
 Personally, I feel that the current test period is too short.

③ 2度もやる必然性があるとは思えないのですが。
 It seems to me that once is enough.

押さえておくべきフレーズ

④ **I would say that...**
〜のように思います。

⑤ **As far as I'm concerned, ...**
私といたしましては〜と思っております。

⑥ **What do you think about...? /
How do you feel about...?**
〜ついてどうお考えですか?

　④の意味はI thinkと同じですが、仮定法のwouldを用いて「(もし意見を聞かれたなら) 私は〜と言うでしょう」というニュアンスの、さり気ない意見の伝え方です。⑤は「私に関しましては」と始め、後に続く部分がそのまま「私」の意見になります。⑥の二つの表現はほぼ同じ意味です。重要なのは、thinkはwhatと、feelはhowと一緒に使うことです。日本語の「どう思いますか?」に引きずられたHow do you think about...?という訳はよくある間違えです。気を付けましょう。

④ 詳細を詰めるのは先方からの連絡を待ってからでも遅くはないように存じますが。

I would say that the details can wait until we hear from them.

⑤ 私といたしましては、どちらの案も遜色がないかと。

As far as I'm concerned, either plan seems fine enough.

⑥ 今回の就業規則改正についてのご意見をお聞かせください。

How do you feel about the recent changes in our work rules?

8. 丁重な反論 (DISAGREEING POLITELY)

条件反射フレーズ

① **I'm sorry, but I'm afraid...**
申し訳ありませんが、〜。

② **I understand what you mean, but...**
おっしゃることは分かるのですが、〜。

③ **With all due respect, ...**
誠にせんえつながら、〜。

　会議や商談で反論する際に、I don't agree. とか I disagree with you. とどうしても言わなければならないときがあります。そのようなときでも、相手の感情を逆なでしないように伝えたいものです。①の I'm sorry, but I'm afraid... は「拒否・辞退」の表現と同じで、相手にとってネガティブな内容を伝える基本的な表現です。②は、相手の意見に一定の理解を示したうえで反論する表現です。①と②の主語は「私」です。③はややフォーマルな表現で「相応のすべての敬意をもってしても」という意味です。

① 申し訳ないのですが、その案は予算的にはカツカツですね。
　I'm sorry, but I'm afraid that our budget is too tight for that.

② おっしゃることは分かりますが、あちらこれでもう3度目です。
　I understand what you mean, but this is the third time they've done this to us.

③ 誠にせんえつながら、もう1週間待った方がいいのではと。
　With all due respect, I think we should wait one more week.

押さえておくべきフレーズ

④ **I can see your point, but...**
　おっしゃることは分かりますが、〜。

⑤ **It is certainly true that..., but...**
　確かにおっしゃる通り〜なのですが、〜。

⑥ **..., but may I also point out the fact that...?**
　しかし〜ということも事実ではないでしょうか?

⑦ **..., but I feel a little differently about...**
　しかし〜関しましては、少々見解を異にしております。

　④と⑤は②の変形で、まず相手の言ったことに一定の理解を示したうえで反論する表現です。④は②と同じように主語は「私」で「私は、あなたの言おうとしていることは分かります」という意味です。see は understand と同じ意味です。⑤は仮主語 it を使って「〜であるのは確かにおっしゃる通り事実です」と、いったん相手の意見を受け止めたうえで、反論する表現です。⑥は「私」を主語に「しかし、〜でもあるということを指摘してもよろしいですか?」と疑問文にします。⑦も「私」を主語に「しかし、私は〜について少々異なったように感じています」と遠回しに反論します。

④&⑥ おっしゃる通りなのですが、コスト的にはいかがなものかと。
　I can see your point, but may I also point out the fact that doing this would be too costly?

⑤&⑦ 確かに製品自体は申し分ないのですが、先方への働きかけに関しましては少々違った見方をいたしております。
　It is certainly true that this is an excellent product, but I feel a little differently about how we should approach this company.

9. 意思・意向 (INTENTIONS)

条件反射フレーズ

① **Let me...**
〜いたします。

② **I'd like to...**
〜いたします。

③ **I will...**
〜いたします。

　「意思・意向」は自分がこれから「〜したい」「〜するつもりです」と相手に伝える表現ですので、主語は「私」です。①のLet me... は「申し出」の「〜してあげますね」と同じです。「私に〜させてください」と訳すと「許可依頼」のように思えますが、選択の余地を与えず、こちらがしたいことを伝える意思表示の表現です。②は「〜したい」という意味でI want to... と同じ意味ですが、より丁寧です。③は、これから「〜するつもりです」と相手に伝える表現です。日本語では単に「〜します」「〜いたします」と言うので「意思」を表すwillを忘れないようにしましょう。現在形では「私はいつも〜します」という意味になってしまいます。

① 三つの例をご紹介いたします。
Let me give you three examples.

② では次に、背景事情をご説明いたします。
Next, I'd like to explain the background.

③ 鈴木さんがお帰りになる前に、私の方からお話いたしますので。
I will talk to Mr. Suzuki before he leaves today.

押さえておくべきフレーズ

④ **I must...**
　〜するつもりです。〜しようと思っています。

⑤ **I am thinking of...**
　〜しようと思っています。

⑥ **I am planning to...**
　〜しようと思っています。

　④の must は「〜しなければならない」という「義務」ではなく「意思・意向」です。I must talk to you.「お話したいことがあります」のように「どうしても〜したい」「〜しようと思っている」という意味です。⑤は「まだそうするとは決めたわけではないが、〜することを考えている」というニュアンスで、「〜したいと思っている」ことを穏やかに伝える表現です。⑥は⑤より進み「〜するつもりである」「〜しようと思っている」「〜の予定・心積もりでいる」という意味です。be going to... の「〜するつもりです」の意味を、具体的にした表現です。この planning to... という表現は、具体的に段取りが済んでいるときだけでなく、段取りの最中でも、何も取り掛かっていなくても、使えます。

④（会話中に待っていた連絡が携帯電話にかかってきて）
　すみません、ちょっと失礼します。
　Excuse me, but I must take this.

⑤ 来週の月曜に取り掛かる心積もりでおります。
　We're thinking of starting next Monday.

⑥ この度ささやかな懇親会をとり行う運びとなりました。
　We're planning to have a small get-together.

10. 報告・伝達 (REPORTING/INFORMING)

条件反射フレーズ

① **This is about... / This is (a quick...) to...**
今回連絡をしましたのは、(手短に)〜を伝えるためです。

② **I'm writing this note to...**
今回メールを差し上げましたのは、〜のためです。

③ **I'm calling to...**
今回お電話を差し上げましたのは、〜のためです。

「報告」や「伝達」は、事実をそのまま文にすれば伝わります。ただ、電話やメールのやり取りでは、よく使われる独自の表現があります。①、②、③は報告や伝達の前置きとして使う表現で、①の主語は「今から話すこと」で This とし、about...「〜について」としたり、a quick...「手短な〜」の後に note「メール」や call「電話」を入れ、その後 to 不定詞で目的を言います。簡単に This is to...「これは〜するための連絡です」だけでも使えます。②はメールの書き出しで「私がこれを書いているのは〜を伝えるためです」という意味です。③は電話の初めの一言です。to 不定詞で目的を伝えます。

① (メールで)明日の会議の開始時間が9時半となりましたことをお知らせいたします。

 This is a quick note to inform you that our meeting will start at 9:30 tomorrow morning.

② X案に関しましては、現在のところ、すべて順調に進んでおりますことをお伝えいたします。

 I'm writing this note to let you know that everything is going well so far with Plan X.

③ 航空券のキャンセルでお電話したのですが。

 I'm calling to cancel my flight.

押さえておくべきフレーズ

④ **I have some good /great / bad news for you.**
   良い(残念な)ご報告がございます。

⑤ **I'm very happy /sorry to inform you that...**
   お伝えすべきうれしい(残念な)ご報告がございます。

⑥ **Perhaps you know this already, but...**
   おそらくすでにご存知だとは思いますが、〜。

　④は新しい知らせを伝える決まり文句です。主語は「私」で「知らせがある」は「知らせを持っている」と表現します。news は s が付いていますが単数形で、数えられない名詞です。some good news の news も単数形です。どうしても数えたい時は two pieces of...、three bits of... とします。⑤も新しい知らせを伝える表現です。「私」を主語にして、良い知らせなら happy「喜んで」、良くない知らせなら sorry「残念に思いながら」「あなたにお知らせします」とします。inform you より口語調の let you know も使えます。⑥は、相手がすでに知っていると思うことに言及するときの決まり文句です。主語は「あなた」で「これから伝えること」を this とし、「あなたは、おそらく今から言うことをすでに知っていると思いますが」とします。

④ 皆さんに大変喜ばしいご報告がございます。
   I have great news for you all.

⑤ うれしいお知らせですが、うちのコピー機が新しくなりました。
   I'm very happy to inform you all that we have a new photocopier.

⑥ 皆さんすでにご存知のことと思いますが、鈴木さんが今月末で退社されます。
   Perhaps you know this already, but Mr. Suzuki will be leaving us at the end of this month.

11. 確認 (CONFIRMING)

> **条件反射フレーズ**
>
> ① **Let me confirm...**
> 　〜を確認いたします。
>
> ② **Let me make sure (of / that / if...).**
> 　〜を確認いたします。
>
> ③ **Just to make sure, may I ask...?**
> 　念のため〜をお尋ねいたします。

　confirmとmake sureは、どちらも「確認」の動詞ですが、confirmは他動詞ですので目的語が必要です。①と②のLet meは「申し出・招待」と「意思・意向」で紹介した「〜してあげますね」と同じ表現です。直訳は「私に〜させてください」なので「許可依頼」のようですが、相手に選択の余地をほとんど与えずに「〜します」と意思を伝える表現です。②や③のmake sureはmake sureだけでも使えます。thatやifで続けて「〜であること・〜であるか否かを確認する」とすることもできます。目的語を直接取れないので「これを確認する」というときは、make sure of thisとするか、後ろに名詞節を置いて、make sure that...「〜であることを確認する」やmake sure if...「〜かどうかを確認する」とします。③は「ほんの確認のために」と断ったうえで、「〜をお聞きしてもよろしいですか?」と続ける丁寧な表現です。

① ご提案の内容ですが、このような理解でよろしいでしょうか?
　Let me just confirm your suggestion.

② ご質問の内容ですが、以下のような解釈でよろしいでしょうか?
　Let me just make sure if I understand your question.

③ 念のため、支店名をちょうだいしてもよろしいですか?
　Just to make sure, may I ask which branch it is?

押さえておくべきフレーズ

④ **May I confirm... / make sure (of / that / if...)?**
〜を確認させてください。

⑤ **Let me just repeat that.**
念のため復唱いたします。

⑥ **This is to confirm that...**
〜の確認のためご連絡いたします。

　④は Let me... をより丁寧に May I...?「私は〜してもよろしいですか?」とした「許可依頼」の形をした「確認」です。⑤の Let me just repeat that. の let me も「許可依頼」の形ですが、実際は相手に選択の余地を与えない「復唱いたします」というニュアンスです。電話のやりとりでは、Let me just repeat that. と言って復唱し、それが終わればすぐ Am I correct? とか Is this right? と聞いて再確認します。⑥はメールでの確認連絡で使われる簡単な表現です。「報告・伝達」の This is a quick XXX to...「手短なXXXをしましたのは、〜を伝えるためです」と同じ種類の表現です。主語の「今から話すこと」を代名詞 This とし、「今から話すことは、〜の確認です」と言います。

④ 念のため、先方からの回答の内容を確認させてください。
May I just confirm what kind of reply we have received?

⑤ 復唱させていただきます。03-1122-3344でございますね。
Let me just repeat that. It's 03-1122-3344. Am I correct?

⑥ 明晩の夕食会は、開始が7時半ですのでどうかご確認ください。
This is to confirm that our dinner will start at 19:30 tomorrow evening.

12. 催促 (URGING)

条件反射フレーズ

① **We regret to inform you that...**
誠に残念ながら〜であることをお知らせいたします。

② **This is to remind you that...**
〜に関して再度、確認のためご連絡いたします。

③ **I'm afraid we'd have to ask for...**
恐れ入りますが、〜を頂くことになります。
私は〜と恐れます、我々は〜を請求せねばならないと。

①の We regret to inform you that... は、好ましくない知らせであることを伝え、相手に心の準備をしてもらえる表現です。②の This is to remind you that は、相手が忘れているかもしれないことを伝えます。「報告・伝達」①の This is (a quick...) to... と似た表現です。③は「我々」を主語にして、have to で「(相手に)〜することをお願いしなければならない」と、「催促しなければならない」ということを、would で和らげながら、きちんと伝えます。

① 払い戻し金なのですが、いまだ弊社の方に届いておりません。

We regret to inform you that we have not yet received the refund.

② お支払い期限から3週間になりますが、いまだお支払いの確認が取れておりません。

This is to remind you that your payment is three weeks overdue.

③ 恐れ入りますが、遅滞料金として500円のお支払いをお願いいたします。

I'm afraid we'd have to ask for an additional 500-yen as a late fee.

押さえておくべきフレーズ

④ **May we remind you that...?**
　〜に関して再度、確認のためご連絡いたします。

⑤ **I wish I could..., but unfortunately...**
　残念ながら〜することは難しいかと存じます。

⑥ **I do not mean to press you, but...**
　せかすようで申し訳ないのですが、〜。

　④は②の言い換えです。②の This is to remind you that... は We'd like to remind you that... とも言い換えられますが、さらに語気を和らげて、May we remind you that...?「〜してもよろしいでしょうか?」とも言えます。⑤の I wish I could... は、不可能であることを仮定法過去で和らげて表現し、誤解のないように「残念ながらそれが非常に難しい」とか「選択肢にはない」「できない」と告げる表現です。unfortunately の代わりに I'm afraid も使えます。どちらも良くない知らせであることが伝わります。⑥は親しい間柄で「急がせるのは本意ではない」と気持ちを伝えたうえで督促する表現です。「せかす」は press あるいは pressure で、どちらも他動詞で、目的語はせかす相手です。

④ 恐縮ながら、お見積もりの修正をまだ頂いていないのですが。

　May we remind you that we have not yet received your revised estimate?

⑤ 大変申し訳ないのですが、これ以上お待ちすることは難しいかと存じます。

　I wish we could give you more time, but that's not an option.

⑥ せかすようで申し訳ないのですが、どうしても明日必要なので。

　I do not mean to press you, but I really need it tomorrow.

13. 感謝 (THANKING)

条件反射フレーズ

① **Thank you very much for...**
～を感謝いたします

② **I am very grateful to ＋人 for...**
人に～を深く感謝いたします。

③ **I'd like to express my deepest gratitude to ＋人 for...**
人に～への深い感謝を申し上げます。

「感謝」を表すには「私」を主語にして「誰に」「何について」感謝しているかを具体的に言います。①の thank は他動詞で「感謝する相手」が目的語です。省略している主語は「私」で、「感謝する対象」は for の後の名詞で表します。②の grateful は「感謝している」という形容詞で、to の後に感謝する相手を入れます。話している相手に対してなら to you ですが明らかな場合は省略できます。③の gratitude は「感謝」という名詞ですので、動詞が必要です。express で「(感謝の気持ち)を表現する」です。to の後に感謝する人を、for の後に感謝している事柄を入れます。①、②、③の順で丁寧になります。

① 1週間の猶予をいただきましたこと、大変恐縮しております。
Thank you very much for giving us one extra week.

② 本件に関してご理解をたまわりましたことに深く感謝申し上げます。
We're very grateful for your understanding on this matter.

③ いろいろと貴重な経験をさせていただきましたことに
深く感謝申し上げます。
We'd like to express our deepest gratitude for all the valuable experience.

押さえておくべきフレーズ

④ **I very much appreciate...**
　〜を大変感謝しております。

⑤ **It was kind / good of you to...**
　〜していただき大変ありがとうございました。

⑥ **This is just a small token of our gratitude for...**
　ささやかではありますがほんのお礼の気持ちです。

　④の appreciate は他動詞で「何を感謝するか」が目的語になります。①の thank you very much for... よりもフォーマルな表現で「私」が主語です。⑤は「It was + very kind + of + 人 + to...」の形で「人が〜したのは、とても親切です」と感謝を表します。⑥は送別の贈り物を手渡すとき使う表現です。a token of... は「...の印・証し」の後に、何についての感謝の気持ちかを具体的に言います。主語は渡そうとしている物 this です。

④ 今回このように貴社とご一緒させていただく機会をいただきまして、誠にうれしく存じております。
We very much appreciate this opportunity to work with you.

⑤ このような雨の中、わざわざ足をお運びいただきまして誠にありがとうございました。
It was really good of you to visit us despite this rain.

⑥ ささやかではありますが、これまでいろいろお世話になりましたことへの我々からのほんの気持ちです。
This is just a small token of our gratitude for everything you've done for us.

14. 謝罪 (APOLOGIZING)

条件反射フレーズ

① **I'm very sorry for / about...**
〜を深くお詫びいたします。

② **I'm very sorry that...**
〜ということについて深くお詫びいたします。

③ **I'd like to apologize to＋人 for...**
人に〜に関してお詫びいたします。

　①、②、③は、スタンダードな「謝罪」の表現で、意味に大差はありません。すべて謝罪する「私」が主語です。①のforとaboutの後には名詞が続きます。forは「してしまったこと」を謝るとき、aboutは「起きてしまったこと」を謝るときに使います。「〜しなかったこと」への謝罪ならfor not...ingとします。②のthatの後は名詞節ですので、主語と動詞が必要です。that節で「〜という事実」を謝ります。③はapologizeが自動詞ですので、誰に対して謝るかを言うときはtoを使います。

① ご連絡を差し上げるのが今になってしまい、大変申し訳ございません。
I'm very sorry for not contacting you much sooner.

② お待たせしてしまい、本当に申し訳ありませんでした。
I'm very sorry I've kept you waiting.

③ 誤解を招いてしまいましたことに対し、深くお詫び申し上げます。
We'd like to deeply apologize for the misunderstanding we have caused you.

押さえておくべきフレーズ

④ **I'd like to offer ＋人 my sincerest apologies for...**
私は〜人について心からお詫びを申し上げます。

⑤ **Please accept my apologies for...**
〜についてお詫びいたします。

⑥ **Please forgive ＋人 for...**
〜申し訳ありません(でした)。

　④はフォーマルな謝罪表現です。このofferは、謝りたい相手とapologies「謝罪」の二つの目的語を取ることもできますし、apologiesだけでも使えます。あるいはapologiesの後に「to＋人」を入れて使うこともあります。⑤も①〜④のバリエーションで意味に大差はありませんが、この謝罪文は「Please＋命令文」を使うことで強い懇願となり「ぜひ許してほしい」とのニュアンスになります。⑥も同様に「Please＋命令文」を使い、許しの懇願を表します。forgiveの後に許してほしい人と、その後にforを使ってその人がしたことを言います。

④ いろいろとご不快な思いをおかけしてしまいましたことに対し、心よりお詫び申し上げます。

We'd like to offer you our sincerest apologies for all the unpleasantness we have caused you.

⑤ エアコンの不具合でご迷惑をおかけいたしましたことを陳謝いたします。

Please accept our apologies for the air-conditioning trouble.

⑥ ゆっくりできませんで申し訳ありません。

Please forgive me for leaving early.

15. 賞賛 (COMPLIMENTING)

条件反射フレーズ

① **That's great / wonderful / splendid / impressive!**
素晴らしいですね。

② **How...! / What a...!**
非常に素晴らしいですね。

③ **I'm happy / excited to know / hear that...**
～を知って（お聞きして）うれしく思って（胸が高鳴って）おります。

「賞賛」はリアクションの一種です。①の主語は、入ってきた情報を指すThatで、後は自分の思いを伝える形容詞を続けます。②は①を感嘆文にした表現です。「How +形容詞」「What + a +形容詞+名詞」の形で表します。③は主語を「私」にして、自分の思いを形容詞で説明し、to不定詞で何をしてそう思うかを表します。その後、that節で「～ということ」とします。

① それは、それは。
That's really wonderful!

② 非常に素晴らしいご提案ですね。
What a brilliant idea!

③ 優勝、我々も大変感激しております。
We're really excited to hear that you've won the 1st prize.

押さえておくべきフレーズ

④ **It is exciting / wonderful to hear that...**
〜とお聞きして胸が高鳴って(素晴らしいと思って)おります。

⑤ **Congratulations (on...)!**
〜おめでとうございます。

⑥ **I'd like to extend my warmest congratulations on...**
〜に際し心より祝福申し上げます。

　④は③の言い換えです。③では「私」を主語にしましたが、④では仮主語 it を使って、感想を形容詞で表します。続けて to 不定詞で、何をしてそう思うかを表します。that 節で「〜ということが」と感激の具体的な理由を伝えます。主語が「私」ではなく it ですので、形容詞は exciting のように「わくわくさせるような」という形になり、excited「わくわくさせられている」ではありません。⑤は「おめでとう」の決まり文句で、congratulations と常に複数形になります。「〜について」は on を使います。⑥はよりフォーマルな表現で、ここでも congratulations は複数形です。extend のほかに offer もよく使います。

④ ご子息が X 大学に合格なさったそうで、うらやましい限りです。
It is really wonderful to hear that your son has been admitted into X University.

⑤ ご新築おめでとうございます。
Congratulations on your new house!

⑥ この課程を無事修了されましたことを心より祝福申し上げます。
I'd like to extend my warmest congratulations on your completion of this program.

16. 哀悼・同情 (CODOLENCES/SYMPATHY)

条件反射フレーズ

① **I am very sorry to hear...**
〜は大変残念でした。

② **You must have been very...**
さぞ〜だったでしょう。

③ **Please accept my deepest condolences for...**
このたびは〜に接し、心よりお悔やみ申し上げます。

「哀悼」や「同情」は、リアクションの一種です。まず①のように「私」を主語に形容詞を使い、聞いてどう思ったかを伝えます。②は「あなた」を主語にして「その時さぞ〜と感じただろう」と推測し、思いやる表現です。③はフォーマルなお悔やみの表現で「Please＋命令文」の形で、強い懇願の「哀悼の気持ちをぜひ受け止めてほしい」という意味を表します。「謝罪」の表現で使った Please accept my apologies for... と同じ形です。

① プロジェクトがうまくいかなかったそうで、本当に残念です。

I am very sorry to hear that the project didn't work out.

② 土壇場で全面白紙撤回というのはさすがにこたえますよね。

You must have been very shocked that it was cancelled at the last minute.

③ この度は御社松井社長のご訃報に接し、心よりお悔やみ申し上げます。

Please accept our deepest condolences for the loss of President Matsui.

押さえておくべきフレーズ

④ **What a shame it is that...!**
〜とは非常に残念です。

⑤ **It must have been very...**
さぞ〜だったでしょう。

⑥ **My thoughts and prayers are with you.**
〜のことをお祈りしています。

---

　④は口語でよく使われる表現で、この文の shame は「恥」ではなく「残念、がっかり」という意味です。It is a shame that... とも言いますが、ここでは強調のため What で始まる感嘆文にします。⑤は②を言い換えたものです。②では「あなた」が主語でしたが、⑤では「起きた出来事や状況」を総括的に代名詞 it で主語にします。「それは、さぞ〜だったであろう」と推測し、同情の気持ちを表します。⑥はよりフォーマルな表現で、My thoughts and prayers を主語にしています。thoughts は「相手をおもんぱかる気持ち」で、それが「あなたと共にあります」という表現です。I am thinking (of) and praying for you. とも言い換えられます。

④ ご計画が先に持ち越されたとのことで非常に残念です。
What a shame it is that your plan has been postponed!

⑤ 本当に長い間大変でしたね。
It must have been a very trying time for you.

⑥ どうぞ力を落とさぬように、皆で応援しておりますから。
Our thoughts and prayers are with you at this most difficult time.

17. 希望・願望 （WISHES）

条件反射フレーズ

① **I hope that...**
どうぞ～ように。

② **Let's hope that...**
～だといいですね。

③ **I look forward to... / I'm looking forward to...**
～を楽しみにしています。

「希望・願望」は「ぜひ～になってくれればいい」と願うことなので①、②、③とも主語は「私」です。動詞はhopeを使います。wishは名詞では「希望・願望」という意味ですが、動詞としては、非現実的なことや現在や過去の事実と違うことを「そうであったらいいのに」「そうであったらよかったのに」という意味ですので、ここでは使いません。③のlook/looking forward to... は、これからの思いを前向きに伝える「社交辞令」で使います。lookの方がlookingよりややフォーマルですが、意味は同じです。toは前置詞で、名詞を後に続けます。

① どうぞお気を付けてお帰りください。
I hope you'll have a safe trip back.

② なんとか良い返事をいただけるといいのですが。
Let's hope they'll give us a positive reply.

③ 来春から同じ職場になりますので、どうぞよろしくお願いします。
I am very much looking forward to working in the same office with you from next spring.

> **押さえておくべきフレーズ**
>
> ④ **I hope to… / I'm hoping to…**
>   〜できるといいのですが。
>
> ⑤ **I'd like to send you my best wishes for…**
>   〜をお祈り申し上げます。
>
> ⑥ **With my best wishes for…!**
>   〜をお祈りいたします。

　④は①の変形で that 節の代わりに to 不定詞で「私」が「〜できればいい」「〜できることを願っている」と伝える表現です。hope の方が hoping よりややフォーマルですが、意味は同じです。⑤は、よりフォーマルな表現ですが、メールや手紙などの挨拶で使われる定番表現です。send よりフォーマルな extend one's wishes（to you）for… という表現もあります。この wishes は名詞です。⑥は名詞の wishes を使った、手紙やメールの最後に使われる表現です。⑤の文を略した形です。

④ なんとか参加者の数が去年を上回ってほしいですね。
We're hoping to see a bigger turnout this year.

⑤ お誕生日によせて、今後ますますのご多幸をお祈り申し上げます。
I would like to send you my very best wishes for a very Happy Birthday!

⑥ 皆様のご多幸ご健勝をお祈りいたします。
With our best wishes for your health and happiness!

18. 挨拶・社交辞令 (GREETINGS/PROTOCOLS)

条件反射ルール

① 直訳しない。
② すぐに訳そうとせず、同じ状況や目的で使う英語表現を思い出す。
③ 日本語の謙遜表現に惑わされないよう気を付ける。

　「挨拶・社交辞令」の表現は、日本語でも英語でも普段は深く考えずに使っています。「ありがとう」と Thank you. のように基本的な表現は、簡単に変換できるものもありますが、言語によって特有の表現を、違和感のない訳にするのは簡単ではありません。しかし、「挨拶・社交辞令」の英語は、簡単な表現が多く、英会話でよく使っている表現です。ただ、状況によってニュアンスが違ってきます。状況を適確に読み取り、英語の社会では普通どう言うのか思い出すようにしましょう。

a)「ごめんください」

- 玄関先で家の中の人に
  Hello! (Good morning! / Good afternoon!)

- 店頭で中の店員に
  Hi!

- ドアの外で入室してもよいかどうかの伺い
  May I come in?

b)「どうぞよろしくお願いします」

- 初対面での自己紹介の際の社交辞令
  I'm very pleased to meet you.（お目にかかって光栄です。）

- これから何かを一緒に始める際の挨拶
  I'm very much looking forward to working with you.
  （一緒に仕事するのを大変楽しみにしています。→「17. 希望・願望」）

- 一件落着した別れ際「今後ともどうぞ」とつながりを求める挨拶

    I hope I'll be able to work with you again sometime in the future.

    (またいつかご一緒にお仕事できればいいですね。
    →「17. 希望・願望」)

- これから何かを託す際の挨拶。例えば子供がキャンプなどに出発する際に引率する教師に「ご迷惑をおかけすると思いますが、どうかくれぐれもよろしく」とお願いする

    I hope you'll all have a great time, and Ken, you'll be a good boy and don't give Ms. Saito a hard time!

    (いろいろご迷惑おかけするかと思いますが、斎藤先生、どうぞよろしくお願いいたします。→皆さんが大いに楽しんでこられますように願っています。ケンちゃん、いい子にして斎藤先生を困らせてはいけませんよ。→「17. 希望・願望」と「迷惑をかける」をポジティブに言い換えた表現の組み合わせ)

c)「お出かけですか?」

- 道で近所の人に

    Good morning! A beautiful day, isn't it?
    (おはようございます。素晴らしいお天気ですね。)

- 営業に出かけようとしている同僚に

    Sales calls? (外回り?)

- 外出しようとしている家族に

    (Are you) going out? (外へ出かけるんですか?)

d)「お先に失礼します」

- オフィスから帰宅の際、まだ仕事している同僚に

    I'll see you tomorrow! (では、また明日。)

- 前の人に順番をゆずられ「すみません、では、お先に」の意味で

    Thank you very much. (ありがとうございます。→「13. 感謝」)

CHAPTER 3
主語と動詞を見極める練習

この章では、英文の基本的な骨組みを作るために、文型を意識しながら、日本語の主語と動詞を明確にする練習をします。

●主語

　英語は、まず「主語」から始まります。一方、日本語は主語を省略していたり、文頭にはなかったりします。また、日本文から英訳するとき、違う主語を使えば、その分だけ違う英文が作れます。そこで、本書では、英訳しやすい主語を選択する練習をします。

　ポイントは次の3点です。

1) 名詞を探す。
2) 具体的な「人」「物」「出来事」を探す。
3) 見つからないときは、動詞を決めてから割り出す。

●動詞

　英語では、「主語」の直後に動詞がきます。日本語では最後に来る、結論の部分です。選んだ主語と呼応した動詞でなければ、そこで作文できなくなってしまいます。主語と呼応した適切な動詞を選択する練習をしましょう。

●文型

　英文の文型は五つの種類がありますが、ほとんどは「主語＋動詞」「主語＋動詞＋補語」「主語＋動詞＋目的語」の三つです。この章では、下の順で文型毎に英訳の練習をします。

1)「会議が、始まる」:**主語＋動詞**(15問)
2)「図表が、〜になる、簡単」:
　　主語＋動詞＋補語（形容詞か名詞）(10問)
3)「私は、〜を見せた、図表」:**主語＋動詞＋目的語（名詞）**(25問)
4)「私は、〜に〜を見せた、あなた、図表」:
　　主語＋動詞＋目的語1（名詞）＋目的語2（名詞）(5問)
5)「私は、〜を〜にした、図表、簡単」:
　　主語＋動詞＋目的語（名詞）＋補語（形容詞か名詞）(5問)

問題 英訳を前提に、次の日本語の主語と動詞部分を書き出してみましょう。尊敬表現は平常の表現に戻してください。

1 鈴木さんからまたお電話がありました。

主語は?

___

動詞部分は?

___

2 (遅刻している鈴木さんからの伝言) 電車の方、運転再開まだとのことです。

主語は?

___

動詞部分は?

___

解答

1 鈴木さんからまたお電話がありました。

【主語】鈴木さん　【動詞部分】電話をかけてきた

「お電話がありました」とあるので、「電話」を主語にした方もいると思います。「電話」を主語にしても文にはなります。しかし、「鈴木さん」という具体的な人を主語にした方が、より簡単で自然な英文が作れます。動詞は「電話をかけてきた」です。

　リプロセシングで英訳すると、次のようになります。
① 主語と動詞が明確な日本語にします。

　鈴木さんがまた電話をかけてきた。

② 英語の語順にし、英語的な単語に言い換え、動詞の時制を調整します。

　鈴木さんは、(たった今)電話をした、再び。

③ 英語に置き換えます。

Mr. Suzuki has called again.

2 (遅刻している鈴木さんからの伝言)電車の方、運転再開まだとのことです。

【主語】彼の電車　【動詞部分】まだ走っていない

主語になる可能性があるのは「運転再開」か「電車」ですが、「電車」の方が簡単に作文できます。その「電車」は具体的には、鈴木さんが今乗っている電車ですので「彼の電車」とします。動詞になる「運転再開まだ」の部分は「まだ走っていない」ということです。

　リプロセシングで英訳すると、次のようになります。
① 主語と動詞が明確な日本語にします。

　彼の電車はまだ走っていない。

② 英語の語順にし、英語的な単語に言い換え、動詞の時制を調整します。

　彼の電車は、走っていない、まだ。

③ 英語に置き換えます。

His train is not running yet.

問題 英訳を前提に、次の日本語の主語と動詞部分を書き出してみましょう。尊敬表現は平常の表現に戻してください。

3 A社の島田さんなのですが、もうお見えになりましたでしょうか？

主語は？

動詞部分は？

4 (3に続けて) 会議室Bの方でお待ちいただいております。

主語は？

動詞部分は？

解答

3 A社の島田さんなのですが、もうお見えになりましたでしょうか？

【主語】A社の島田さん 【動詞部分】到着した

　この文で主語となれそうなのは、具体的な人である「A社の島田さん」です。動詞は「お見えになる」ですが、これは尊敬表現ですので、平常の表現にすると「来る」です。動作が完了したかを問うので「到着した」とします。

　リプロセシングで英訳すると、次のようになります。

① 主語と動詞が明確な日本語にします。

A社の島田さんはもう（ここに）到着したか？

② 英語の語順にし、英語的な単語に言い換え、動詞の時制を調整します。

島田氏は、A社の、到着してしまったか、すでに。

③ 英語に置き換えます。

Has Mr. Shimada of A Company arrived yet?

4 （3に続けて）会議室Bの方でお待ちいただいております。

【主語】島田さん 【動詞部分】待っている

　主語になりそうな名詞は「会議室」だけです。しかし、動詞の「お待ちいただいております」を見ると、主語が省略されていることが分かります。「島田さん」です。動詞の「お待ちいただいている」は謙譲表現ですので、平常の表現「待っている」とします。

　リプロセシングで英訳すると、次のようになります。

① 主語と動詞が明確な日本語にします。

島田さん（＝彼）は会議室Bで待っている。

② 英語の語順にし、英語的な単語に言い換え、動詞の時制を調整します。

彼は、待っている、会議室Bで。

③ 英語に置き換えます。

He's waiting in Conference Room B.

問題 英訳を前提に、次の日本語の主語と動詞部分を書き出してみましょう。尊敬表現は平常の表現に戻してください。

5 ここ3年くらいTOEICのスコアが伸び悩んでおります。

主語は?

動詞部分は?

6 このレジさっきから全然前に進まないんです。

主語は?

動詞部分は?

> 解答

5 ここ3年くらいTOEICのスコアが伸び悩んでおります。

【主語】私のTOEICスコア　【動詞部分】上がっていない

「悩んでいる」を動詞とするなら、主語は「私」のようですが、「伸び悩んでいる」、つまり「伸びていない」のは何か、と考えれば「TOEICのスコア」を主語にして簡潔な文ができます。TOEICのスコアに関する一般論ではないので英語では具体的に「私のTOEICスコア」としなければなりません。「伸びていない」は「上がっていない」とします。

リプロセシングで英訳すると、次のようになります。

① 主語と動詞が明確な日本語にします。

私のTOEICスコアは、ここ3年間上がっていない。

② 英語の語順にし、英語的な単語に言い換え、動詞の時制を調整します。

私のTOEICスコアは、上達して(しまって)いない、3年の間。

③ 英語に置き換えます。

My TOEIC score has not improved for three years.

6 このレジさっきから全然前に進まないんです。

【主語】このレジに並んでいる列　【動詞部分】動いていない

動詞は「進まない」です。しかし、主語になりそうな「レジ」カウンターは、勝手に前に進みません。進まないのは「レジ」ではなく、私が並んでいる「列」です。よって「このレジに並んでいる列」とします。「進まない」を「列」に合わせて「動いていない」とします。

リプロセシングで英訳すると、次のようになります。

① 主語と動詞が明確な日本語にします。

このレジに並んでいる列は、全然前に動いていない。

② 英語の語順にし、英語的な単語に言い換え、動詞の時制を調整します。

このレジの列は、動いていない、全然。

③ 英語に置き換えます。

This checkout line is not moving at all.

問題 英訳を前提に、次の日本語の主語と動詞部分を書き出してみましょう。尊敬表現は平常の表現に戻してください。

7 うちのコピー機なんですが、なんかまだ具合が悪いんですよ。

主語は?

動詞部分は?

8 そろそろ失礼させていただかないとなりません。

主語は?

動詞部分は?

解答

7 うちのコピー機なんですが、なんかまだ具合が悪いんですよ。

【主語】我々のコピー機　**【動詞部分】**きちんと動いていない

　主語になりそうな名詞は「うちのコピー機」だけです。「我々のコピー機」とします。動詞は「まだ具合が悪いです」ですが、具体的に「（修理してもらったはずなのに）まだきちんと動いていない」とします。

　リプロセシングで英訳すると、次のようになります。

① 主語と動詞が明確な日本語にします。

　我々のコピー機は、まだきちんと動いていない。

② 英語の語順にし、英語的な単語に言い換え、動詞の時制を調整します。

　我々のコピー機は、いまだに働いていない、正しく。

③ 英語に置き換えます。

Our photocopier is still not working properly.

8 そろそろ失礼させていただかないとなりません。

【主語】私　**【動詞部分】**去らなければならない

　主語は「失礼しなければならない人」なので「私」です。動詞は「失礼する」ですが、具体的にすると「去る」です。「失礼させていただかないとなりません」を、平常の表現にすると「去らなければなりません」です。

　リプロセシングで英訳すると、次のようになります。

① 主語と動詞が明確な日本語にします。

　私はもうすぐここを去らなくてはならない。

② 英語の語順にし、英語的な単語に言い換え、動詞の時制を調整します。

　私は、～になければならない、去っている状態に、まもなく。

③ 英語に置き換えます。

I must be leaving soon.

問題 英訳を前提に、次の日本語の主語と動詞部分を書き出してみましょう。尊敬表現は平常の表現に戻してください。

9 こちらの件は来週まで後回しOKですので。

主語は?

動詞部分は?

10 週日は閉店が夜の7時となっております。

主語は?

動詞部分は?

解答

9 こちらの件は来週まで後回しOKですので。

【主語】この件　【動詞部分】待つことができる

　主語になりそうな名詞は「こちらの件」、つまり「この件」です。動詞になりそうな「後回しOK」ですが、後回しという動作ができるのは「我々」ですので、主語と動詞が呼応しません。「この件」は「保留できる」「待つことができる」とします。もちろん「我々」を主語にして「この件を来週まで後回しできる」という目的語を使った作文も可能です。

　リプロセシングで英訳すると、次のようになります。

① 主語と動詞が明確な日本語にします。

この件は来週まで待つことができる。

② 英語の語順にし、英語的な単語に言い換え、動詞の時制を調整します。

この件は、〜することができる、待つ、来週まで。

③ 英語に置き換えます。

This issue can wait till next week.

10 週日は閉店が夜の7時となっております。

【主語】我々　【動詞部分】(店を)閉める

　主語になりそうな名詞は「週日」か「閉店」です。一方動詞は、「なっております」です。「なっている」というと客観的事実のようですが、実際週日の夜7時に起こるのは、我々が店を閉めるという動作です。よって主語は「我々」、動詞は「(店を)閉める」です。

　リプロセシングで英訳すると、次のようになります。

① 主語と動詞が明確な日本語にします。

週日には我々は7時に店を閉める。

② 英語の語順にし、英語的な単語に言い換え、動詞の時制を調整します。

我々は、閉じる、7時に、週日は。

③ 英語に置き換えます。

We close at 7:00 on weekdays.

> **問題** 英訳を前提に、次の日本語の主語と動詞部分を書き出してみましょう。尊敬表現は平常の表現に戻してください。

11 （会議の終わりに）では次回の開始時間を午後3時とさせていただきます。

主語は?

動詞部分は?

---

12 （11に続けて）終了は6時となります。

主語は?

動詞部分は?

解答

11 (会議の終わりに)では次回の開始時間を午後3時とさせていただきます。

【主語】我々　**【動詞部分】**開始する予定だ

「開始時間」が主語に見えますが「させていただく」という動詞の主語として、適切ではありません。午後3時に何かを開始する「我々」が主語です。動詞の「させていただく」は敬語表現ですので、平常表現「開始する」とし、未来のことですので「予定だ」とします。

リプロセシングで英訳すると、次のようになります。
① 主語と動詞が明確な日本語にします。
　次回は、我々は午後3時に開始する。
② 英語の語順にし、英語的な単語に言い換え、動詞の時制を調整します。
　我々は、始める予定だ、午後3時に、次回は。
③ 英語に置き換えます。
　We will start at 3:00 p.m. next time.

12 (11に続けて)終了は6時となります。

【主語】我々　**【動詞部分】**終了する予定だ

「終了は」と始まっているので「終了」を主語にしたくなりますが、英訳しやすいように人を主語にします。「我々」です。動詞は「なります」のように見えますが、主語「我々」に呼応させ「終了する」とし、未来のことですので「予定だ」と追加します。

リプロセシングで英訳すると、次のようになります。
① 主語と動詞が明確な日本語にします。
　我々は6時に終了する。
② 英語の語順にし、英語的な単語に言い換え、動詞の時制を調整します。
　我々は、終わる予定だ、6時に。
③ 英語に置き換えます。
　We will end at 6:00 p.m.

問題 英訳を前提に、次の日本語の主語と動詞部分を書き出してみましょう。尊敬表現は平常の表現に戻してください。

13 弊社でございますが、本社の方が来る3月1日より丸の内の方に移転になります。

主語は?

_____

動詞部分は?

_____

14 （人事部があなたに）海外赴任ということも可能性としては十分あり得ますので。

主語は?

_____

動詞部分は?

_____

CHAPTER 3 主語と動詞を見極める練習

解答

13 弊社でございますが、本社の方が来る3月1日より
丸の内の方に移転になります。

【主語】我々の本社　**【動詞部分】**動く予定だ

　主語になりそうなのは「弊社」と「本社」です。これらを一つにまとめて「我々の本社」とします。動詞は「移転する」ですが、平たく言えば「動く」です。3月1日は未来のことなので「動く予定です」とします。

　リプロセシングで英訳すると、次のようになります。

① 主語と動詞が明確な日本語にします。

　我々の本社は、3月1日に丸の内に動く予定だ。

② 英語の語順にし、英語的な単語に言い換え、動詞の時制を調整します。

　我々の本社は、動く予定だ、丸の内に、3月1日に。

③ 英語に置き換えます。

Our head office will move to Marunouchi on March 1.

14 (人事部があなたに)海外赴任ということも可能性としては
十分あり得ますので。

【主語】あなた　**【動詞部分】**転勤するかもしれない

　「海外赴任」と「可能性」という名詞がありますが、具体的な人を主語にした方が作文しやすいので、「赴任するかもしれない人」である「あなた」とします。動詞は「赴任する」つまり「転勤する」で、「可能性として」は「かもしれない」を追加します。

　リプロセシングで英訳すると、次のようになります。

① 主語と動詞が明確な日本語にします。

　あなたは、十分な可能性として海外に転勤しなければならないかもしれない。

② 英語の語順にし、英語的な単語に言い換え、動詞の時制を調整します。

　あなたは、〜かもしない、非常に、可能性的には、転勤しなければならない、海外に。

③ 英語に置き換えます。

You may very possibly have to relocate overseas.

問題 英訳を前提に、次の日本語の主語と動詞部分を書き出してみましょう。尊敬表現は平常の表現に戻してください。

15 ここ2～3年ですね、売り上げがもうガクッと落ちまして。

主語は?

_____

動詞部分は?

_____

問題 英訳を前提に、次の日本語の主語と動詞部分、補語を書き出してみましょう。尊敬表現は平常の表現に戻してください。

16 もう10年以上も景気はどん底ですからね。

主語は?

_____

動詞部分は?

_____

補語は?

_____

解答

15 ここ2〜3年ですね、売り上げがもうガクッと落ちまして。

【主語】我々の売り上げ 【動詞部分】落ちてしまった

　中心となる後半から、主語と動詞を探します。主語は「売り上げ」で、動詞は「ガクッと落ちた」です。「売り上げ」は、具体的に「我々の売り上げ」とします。「落ちた」という状態は、2〜3年かけて現在まで続いているので「落ちてしまった」と現在完了形を使います。

　リプロセシングで英訳すると、次のようになります。

① 主語と動詞が明確な日本語にします。

　我々の売上は、ここ過去2〜3年の間で急激に落ちてしまった。

② 英語の語順にし、英語的な単語に言い換え、動詞の時制を調整します。

　我々の売上は、落ちてしまった、鋭く、過去2〜3年に渡って。

③ 英語に置き換えます。

Our sales have dropped sharply over the past few years.

16 もう10年以上も景気はどん底ですからね。

【主語】我々の経済 【動詞部分】〜の状態のままである 【補語】落ち込んでいる

　主語は「景気」ですが、景気というのは経済の健康状態という意味ですので、主語を「経済」とします。世界的な話ではなく、自分の周りの話をしているので「我々の経済」とします。「どん底です」は、動詞「〜である」に「落ち込んでいる」という形容詞を組み合わせます。10年以上も現在に至るまでという意味なので現在完了形です。

　リプロセシングで英訳すると、次のようになります。

① 主語と動詞が明確な日本語にします。

　我々の経済はもう10年以上も落ち込んだ状態のままである。

② 英語の語順にし、英語的な単語に言い換え、動詞の時制を調整します。

　我々の経済は、ずっと〜だ、落ちこんで、10年以上の間。

③ 英語に置き換えます。

Our economy has been depressed for more than 10 years.

問題 英訳を前提に、次の日本語の主語と動詞部分、補語を書き出してみましょう。尊敬表現は平常の表現に戻してください。

17 その時点ではまだそのような認識はございませんでした。

主語は?

動詞部分は?

補語は?

18 日本はまだネットを使った選挙運動がダメなんです。

主語は?

動詞部分は?

補語は?

> 解答

17 その時点ではまだそのような認識はございませんでした。

【主語】私　【動詞部分】〜でなかった　【補語】気付いている

　動詞「認識がございませんでした」から、主語は認識がなかった人「私」とします。動詞「認識はございませんでした」は、丁寧な表現ですので、平常の表現「認識がなかった」とし、動詞「〜でなかった」と「〜に気付いている」という形容詞を組み合わせます。

　リプロセシングで英訳すると、次のようになります。
① 主語と動詞が明確な日本語にします。

その時は、私は、それに気付いていなかった。

② 英語の語順にし、英語的な単語に言い換え、動詞の時制を調整します。

私は、〜でなかった、〜に気付いている、それに、その時。

③ 英語に置き換えます。

I was not aware of it at that time.

18 日本はまだネットを使った選挙運動がダメなんです。

【主語】ネット上での選挙運動　【動詞部分】〜のままだ　【補語】違法の

　「日本」を主語にしたくなりますが、この文のテーマは「日本」ではありません。主語は「ネット上での選挙運動」です。「ダメなんです」は、「〜のままです」という動詞と、「ダメな」を具体的にした「許可されていない」「違法の」という形容詞を使います。

　リプロセシングで英訳すると、次のようになります。
① 主語と動詞が明確な日本語にします。

日本ではネット上での選挙運動は、いまだ違法だ。

② 英語の語順にし、英語的な単語に言い換え、動詞の時制を調整します。

オンラインの選挙活動は、いまだ〜のままであり続ける、違法の、日本では。

③ 英語に置き換えます。

Online election campaigns still remain illegal in Japan.

問題 英訳を前提に、次の日本語の主語と動詞部分、補語を書き出してみましょう。尊敬表現は平常の表現に戻してください。

19 佐藤さん、素晴らしいプレゼン拝聴させていただきました。

主語は?

___

動詞部分は?

___

補語は?

___

20 このところずっと状況の悪化が進んでおります。

主語は?

___

動詞部分は?

___

補語は?

___

解答

19 佐藤さん、素晴らしいプレゼン拝聴させていただきました。

【主語】それ　【動詞部分】〜だった　【補語】素晴らしいプレゼン

　「プレゼン」を主語として「あなたのプレゼンは、素晴らしかった」としても作文できます。しかし状況から佐藤さんのプレゼンについてのコメントなのは明らかで、「(他と比較した)あなたのプレゼン」でもないので、ここでは「素晴らしい」という単語に焦点をあて、主語は「佐藤さんのプレゼン」を指す代名詞「それ」を使います。「それは素晴らしいプレゼンだった」と、動詞「〜だった」と補語「素晴らしい、プレゼン」を最後に置きます。

　リプロセシングで英訳すると、次のようになります。

① 主語と動詞が明確な日本語にします。

佐藤さん、それはとても素晴らしいプレゼンだった。

② 英語の語順にし、英語的な単語に言い換え、動詞の時制を調整します。

それは、〜だった、とても素晴らしいプレゼン、佐藤さん。

③ 英語に置き換えます。

It was a wonderful presentation, Mr. Sato.

20 このところずっと状況の悪化が進んでおります。

【主語】その状況　【動詞部分】〜になってきている　【補語】さらにより悪く

　主語は「状況」で、互いに何の状況か分かっていますので、「その状況」とします。動詞を「進む」にすると「状況が進む」となって、不自然です。「悪化する」を、動詞「〜になる」と「さらにより悪く」という形容詞を組み合わせて使います。現在まで悪化し続け、それが今も進行中なので現在完了進行形を使います。

　リプロセシングで英訳すると、次のようになります。

① 主語と動詞が明確な日本語にします。

その状況は、さらにより悪くなってきている。

② 英語の語順にし、英語的な単語に言い換え、動詞の時制を調整します。

その状況は、〜になってきている、ずっとより悪く。

③ 英語に置き換えます。

The situation has been getting much worse.

問題 英訳を前提に、次の日本語の主語と動詞部分、補語を書き出してみましょう。尊敬表現は平常の表現に戻してください。

21 結構いい線行きましたね、このプロジェクト。

主語は?

___

動詞部分は?

___

補語は?

___

22 少々ややこしいことに、わずらわされておりまして。

主語は?

___

動詞部分は?

___

補語は?

___

解答

21 結構いい線行きましたね、このプロジェクト。

【主語】このプロジェクト 【動詞部分】〜になった 【補語】成功している

　主語は「いい線」ではなく「いい線行った」物ですので、文末の「このプロジェクト」です。「いい線行った」というのは「成功している状態になった」ということですので、動詞「〜になった」と、形容詞「成功している」を組み合わせます。現在に至るまでの過程を経て、現在「成功した状態になっている」ので現在完了形を使います。

　リプロセシングで英訳すると、次のようになります。

① 主語と動詞が明確な日本語にします。

このプロジェクトは、かなり成功している状態になった。

② 英語の語順にし、英語的な単語に言い換え、動詞の時制を調整します。

このプロジェクトは〜になった、かなり成功したものに。

③ 英語に置き換えます。

This project has become quite successful.

22 少々ややこしいことに、わずらわされておりまして。

【主語】私 【動詞部分】ずっと〜である 【補語】〜に巻き込まれた

　主語は、わずらわせられている人である「私」です。「ややこしいことにわずらわされる」は、「ずっと面倒なことに巻き込まれている」という意味ですので「ずっと〜である」という動詞と、「巻き込まれている」という形容詞を使います。ここずっとそのような状態が続いて現在に至っているので現在完了形です。

　リプロセシングで英訳すると、次のようになります。

① 主語と動詞が明確な日本語にします。

私は少し面倒なことに、ずっと巻き込まれている。

② 英語の語順にし、英語的な単語に言い換え、動詞の時制を調整します。

私は、ずっと〜です、〜に巻き込まれている、何か少し厄介な事。

③ 英語に置き換えます。

I've been involved in something a little troublesome.

問題 英訳を前提に、次の日本語の主語と動詞部分、補語を書き出してみましょう。尊敬表現は平常の表現に戻してください。

23 この件に関しましては、落ち着くのはもうちょっと先になるかと。

主語は?

動詞部分は?

補語は?

24 築50年とは思えないお家ですね。

主語は?

動詞部分は?

補語は?

解答

23 この件に関しましては、落ち着くのはもうちょっと先になるかと。

【主語】この件　【動詞部分】〜のままである　【補語】未解決の

　主語は「この件」で、動詞は「落ち着かない」とします。「落ち着かない」は「未解決の状態」ですので、「〜のままである」という動詞と、「未解決の」という形容詞を使います。未来の予測なので will を使います。

　リプロセシングで英訳すると、次のようになります。

① 主語と動詞が明確な日本語にします。

この件は、ここしばらくは落ち着かない状態のままである。

② 英語の語順にし、英語的な単語に言い換え、動詞の時制を調整します。

この件は、おそらく〜のままであり続けるであろう、未解決の状態で、当分の間。

③ 英語に置き換えます。

This issue will probably remain unresolved for a while.

24 築50年とは思えないお家ですね。

【主語】この家　【動詞部分】〜に見えない　【補語】築50年の

　主語は、築50年とは思えない物、つまり今見ている「この家」です。動詞は「ですね」ではなく、「思えない」の方です。「思えない」は「〜に見えない」とします。形容詞は「築50年の」を使います。強調のため「全然」を加えます。

　リプロセシングで英訳すると、次のようになります。

① 主語と動詞が明確な日本語にします。

この家は、築50年には全然見えない。

② 英語の語順にし、英語的な単語に言い換え、動詞の時制を調整します。

この家は、〜に見えない、50歳に、全然。

③ 英語に置き換えます。

This house doesn't look 50 years old at all.

問題 英訳を前提に、次の日本語の主語と動詞部分、補語を書き出してみましょう。尊敬表現は平常の表現に戻してください。

25 正直なところ、多少疑問にはなってきております。

主語は？

___

動詞部分は？

___

補語は？

___

問題 英訳を前提に、次の日本語の主語と動詞部分、目的語を書き出してみましょう。尊敬表現は平常の表現に戻してください。

26 あそこのお話はですね、うちも当初は半信半疑だったんですよ。

主語は？

___

動詞部分は？

___

目的語は？

___

解答

25 正直なところ、多少疑問にはなってきております。

【主語】私 **【動詞部分】**〜になってきている **【補語】**懐疑的な

　主語は、疑問になってきている「私」です。そのような心理状態になりつつあるので「〜になってきている」を動詞にします。現在進行中のことなので進行形です。そして「疑問にはなってきている」は、「懐疑的な」という形容詞を使います。

　リプロセシングで英訳すると、次のようになります。
① 主語と動詞が明確な日本語にします。
　正直に言うと、私は少々懐疑的になってきている。
② 英語の語順にし、英語的な単語に言い換え、動詞の時制を調整します。
　私は、〜になっている、少し懐疑的な状態に、真実を言えば。
③ 英語に置き換えます。
I'm getting a bit skeptical, to tell the truth.

26 あそこのお話はですね、うちも当初は半信半疑だったんですよ。

【主語】我々 **【動詞部分】**信じなかった **【目的語】**彼らが我々に言ったことすべて

　半信半疑だった「うち」つまり「我々」が主語です。動詞は「半信半疑だった」つまり「信じなかった」です。目的語は信じなかったこと「あそこのお話」ですが、具体的にすると「彼らが我々に言ったことすべて」です。「すべては信じなかった」と部分否定になります。

　リプロセシングで英訳すると、次のようになります。
① 主語と動詞が明確な日本語にします。
　初めは我々も彼らが我々に言ったことすべては、信じなかった。
② 英語の語順にし、英語的な単語に言い換え、動詞の時制を調整します。
　初めは、我々は、信じなかった、すべては、彼らが我々に話したことの、〜もまた。
③ 英語に置き換えます。
At first, we didn't believe everything they told us, either.

問題 英訳を前提に、次の日本語の主語と動詞部分、目的語を書き出してみましょう。尊敬表現は平常の表現に戻してください。

27 3カ月越しの案件だったのですが、ようやく上からOKが出ました。

主語は?

動詞部分は?

目的語は?

---

28 携帯の方へお電話ください。

主語は?

動詞部分は?

目的語は?

解答

27 3カ月越しの案件だったのですが、ようやく上からOKが出ました。

【主語】私の上司　**【動詞部分】**承認した　**【目的語】**私の提案

　主語になりそうな名詞は「案件」ですが、人を主語にした方が作文しやすいので、案件にOKを出した「上にいる」人である「私の上司」を主語にします。動詞「OKが出ました」は、主語「私の上司」に合わせて「OKを出す」「承認する」とします。目的語は「案件」ですが、具体的に「私の提案」とします。

　リプロセシングで英訳すると、次のようになります。

① 主語と動詞が明確な日本語にします。

　私の上司は私の3カ月越しの提案をついに承認した。

② 英語の語順にし、英語的な単語に言い換え、動詞の時制を調整します。

　私の上司は、ついに承認してしまった、私の3カ月になる提案を。

③ 英語に置き換えます。

My boss has finally approved my three-month-old proposal.

28 携帯の方へお電話ください。

【主語】あなた　**【動詞部分】**電話する　**【目的語】**私

　主語になりそうな名詞は「携帯」ですが、動詞の「電話ください」と合いません。主語になれる人は、話し相手「あなた」か「私」です。この文は「ぜひ〜なさってください」Please... という「申し出」ですので、電話をする「あなたを」主語にし、目的語を「私」とします。

　リプロセシングで英訳すると、次のようになります。

① 主語と動詞が明確な日本語にします。

　あなたは、ぜひ、私の携帯の方で私に電話をかけてください。

② 英語の語順にし、英語的な単語に言い換え、動詞の時制を調整します。

　どうぞ〜に電話をかけてください、私に、私の携帯上で。

③ 英語に置き換えます。

Please call me on my cell.

問題 英訳を前提に、次の日本語の主語と動詞部分、目的語を書き出してみましょう。尊敬表現は平常の表現に戻してください。

29 事前調査はもう済んでおりますので。

主語は?

動詞部分は?

目的語は?

---

30 この件に関しましては、いったん白紙にということで。

主語は?

動詞部分は?

目的語は?

解答

29 事前調査はもう済んでおりますので。

【主語】我々　**【動詞部分】**行った　**【目的語】**事前調査

　主語を「事前調査」にして「事前調査がもう終わっている」とすることもできますが、作文しやすいように、調査をした人「我々」を主語にします。動詞は「済んでおりますので」ですが、主語の「我々」と、目的語の「事前調査」に合わせて「行った」とします。すでに完了しているので現在完了形を使います。

　リプロセシングで英訳すると、次のようになります。

① 主語と動詞が明確な日本語にします。

　我々はすでに事前調査を行なった。

② 英語の語順にし、英語的な単語に言い換え、動詞の時制を調整します。

　我々は、すでに行ってしまった、事前調査を。

③ 英語に置き換えます。

　We've already conducted a preliminary survey.

30 この件に関しましては、いったん白紙にということで。

【主語】我々　**【動詞部分】**取り消す　**【目的語】**それ

　主語になりそうな名詞がないので、文の種類を考えます。この文が「提案」だと気付けば、主語が提案する「我々」ということが分かります。動詞が「白紙にする」という比喩表現ですので、通常の表現「取り消す」とします。目的語は、取り消す内容ですが、互いに了解済みですので、代名詞「それ」を使います。

　リプロセシングで英訳すると、次のようになります。

① 主語と動詞が明確な日本語にします。

　とりあえず我々は、それを取り消しましょう。

② 英語の語順にし、英語的な単語に言い換え、動詞の時制を調整します。

　取り消しましょう、それを、今のところは。

③ 英語に置き換えます。

　Let's cancel it for now.

問題 英訳を前提に、次の日本語の主語と動詞部分、目的語を書き出してみましょう。尊敬表現は平常の表現に戻してください。

31 この報告書ですが、後半部分の内容変更が必要かと存じます。

主語は?

___

動詞部分は?

___

目的語は?

___

32 これに関しては、あちらはすでにかなりの研究をされてますね。

主語は?

___

動詞部分は?

___

目的語は?

___

解答

31 この報告書ですが、後半部分の内容変更が必要かと存じます。

【主語】我々　**【動詞部分】**変更する必要がある　**【目的語】**後半部分

　主語を「報告書」にすると、動詞「必要かと存じます」と合わないので、変更が必要な人である「我々」を使います。動詞「変更が必要かと存じます」は、平常の表現「変更する必要がある」とします。「変更する」の目的語は「後半部分」です。

　リプロセシングで英訳すると、次のようになります。
① 主語と動詞が明確な日本語にします。
　我々は、この報告書の後半を変更する必要がある。
② 英語の語順にし、英語的な単語に言い換え、動詞の時制を調整します。
　我々は、〜する必要がある、変更する、2番目の半分を、この報告書の。
③ 英語に置き換えます。
We need to revise the second half of this report.

32 これに関しては、あちらはすでにかなりの研究をされてますね。

【主語】彼ら　**【動詞部分】**した　**【目的語】**かなりの研究

　主語は、研究されている「あちら」、つまり「彼ら」です。動詞「されてますね」は、平常の表現にすると「した」です。すでに「している」ので現在完了形です。動詞「した」の目的語は「研究」です。「かなりの」は、英語では「研究」という名詞とひとかたまりで扱うので「かなりの研究」とします。

　リプロセシングで英訳すると、次のようになります。
① 主語と動詞が明確な日本語にします。
　彼らは、これに関する多くの研究をすでに行っている。
② 英語の語順にし、英語的な単語に言い換え、動詞の時制を調整します。
　彼らは、すでにしてしまっている、たくさんの研究を、これに関する。
③ 英語に置き換えます。
They have already done a lot of research on this.

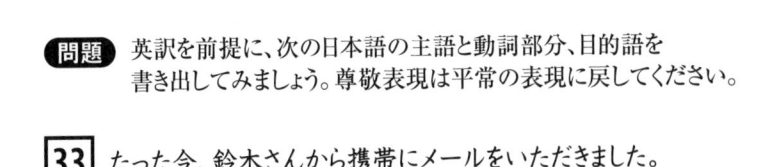

問題 英訳を前提に、次の日本語の主語と動詞部分、目的語を書き出してみましょう。尊敬表現は平常の表現に戻してください。

33 たった今、鈴木さんから携帯にメールをいただきました。

主語は?

_____

動詞部分は?

_____

目的語は?

_____

34 午後は会議が二つ入っておりまして。

主語は?

_____

動詞部分は?

_____

目的語は?

_____

解答

33 たった今、鈴木さんから携帯にメールをいただきました。

【主語】私　**【動詞部分】**受信した　**【目的語】**メール

　主語にできそうな名詞として「鈴木さん」と「メール」があります。人を主語にした方が作文しやすいのですが、ここでは「鈴木さん」ではなくメールをいただいた人である「私」を主語にします。動詞「メールいただきました」は、平常の表現「受信した」とします。「受信した」の目的語は、「メール」です。

　リプロセシングで英訳すると、次のようになります。

① 主語と動詞が明確な日本語にします。

　私はたった今、鈴木さんからの携帯メールを受信した。

② 英語の語順にし、英語的な単語に言い換え、動詞の時制を調整します。

　私は、たった今受け取った、携帯メールを、鈴木さんからの。

③ 英語に置き換えます。

I just received a text message from Mr. Suzuki.

34 午後は会議が二つ入っておりまして。

【主語】私　**【動詞部分】**持っている　**【目的語】**二つの会議

　「午後」「会議」「二つ（の会議）」という三つの名詞がありますが、作文しやすいように「二つ入っている」人である「私」を主語にします。動詞「入っておりまして」は、英語的な「持っている」という表現にします。「持っている」の目的語は、「二つの会議」です。

　リプロセシングで英訳すると、次のようになります。

① 主語と動詞が明確な日本語にします。

　私は、今日の午後は二つの会議を持っている。

② 英語の語順にし、英語的な単語に言い換え、動詞の時制を調整します。

　私は、持っている、二つの会議を、今日の午後に。

③ 英語に置き換えます。

I have two meetings this afternoon.

問題 英訳を前提に、次の日本語の主語と動詞部分、目的語を書き出してみましょう。尊敬表現は平常の表現に戻してください。

35 こちらはもうあと2週間しかありませんよ。

主語は?

動詞部分は?

目的語は?

36 この道で一番経験豊富なのは御社ですので。

主語は?

動詞部分は?

目的語は?

解答

35 こちらはもうあと2週間しかありませんよ。

【主語】我々　**【動詞部分】**持っている　**【目的語】**2週間

「2週間」を主語にして、「2週間しか残っていない」ともできますが、作文しやすいように、この状況に置かれている人を主語にします。「こちら」を「我々」として主語にします。動詞「ありませんよ」を、平常の表現にすると「ある」ですが、さらに英語的表現「持っている」とします。「持っている」物は、目的語「2週間」です。

リプロセシングで英訳すると、次のようになります。

① 主語と動詞が明確な日本語にします。

我々は2週間しか持っている。

② 英語の語順にし、英語的な単語に言い換え、動詞の時制を調整します。

我々は、持っている、2週間のみを、残された状態で。

③ 英語に置き換えます。

We have only two weeks left.

36 この道で一番経験豊富なのは御社ですので。

【主語】あなた方　**【動詞部分】**持っている　**【目的語】**経験

主語になりそうな名詞は、「一番経験豊富な(人)」と「御社」です。ここで「一番経験豊富な(人)」を主語にするには長すぎるので、「御社」「あなた方」を主語にします。動詞「です」は、英語的な表現「持っている」とし、その目的語は「経験」とします。

リプロセシングで英訳すると、次のようになります。

① 主語と動詞が明確な日本語にします。

あなた方は、この分野では、はるかに一番多くの経験を持っている。

② 英語の語順にし、英語的な単語に言い換え、動詞の時制を調整します。

あなた方は、持っている、はるかに一番多くの経験を、この分野では。

③ 英語に置き換えます。

You have by far the most experience in this field.

問題 英訳を前提に、次の日本語の主語と動詞部分、目的語を書き出してみましょう。尊敬表現は平常の表現に戻してください。

37 お送りいたしましたサンプルは返却不要ですので。

主語は?

動詞部分は?

目的語は?

38 この報告書のコピー3部ほどお願いできますか？

主語は?

動詞部分は?

目的語は?

解答

37 お送りいたしましたサンプルは返却不要ですので。

【主語】あなた　**【動詞部分】**〜を持ち続ける　**【目的語】**そのサンプル

　主語を「サンプル」にすると、動詞「返却不要です」を「返却される必要はないです」と受動態にした直訳の文になります。より自然な文にするため「返却する必要がない人」である「あなた」を主語にします。動詞は「返却不要です」ですが、返す必要がないということは「持っていてください」ということです。よって「持ち続ける」とし、目的語は「そのサンプル」とします。

　リプロセシングで英訳すると、次のようになります。
① 主語と動詞が明確な日本語にします。

　あなたは、そのサンプルを持ち続けてください。
② 英語の語順にし、英語的な単語に言い換え、動詞の時制を調整します。

　どうぞ保持していてください、そのサンプルを。
③ 英語に置き換えます。

Please keep the sample.

38 この報告書のコピー3部ほどお願いできますか？

【主語】あなた　**【動詞部分】**作る　**【目的語】**3部のコピー

　文の種類が「依頼」ですので、Could you...? を思い出します。よって、主語は「あなた」です。「お願い」している「私」が主語の「あなた」にしてほしいことが動詞になります。「（報告書のコピーを3部）作る」が動詞で、目的語は「3部のコピー」です。

　リプロセシングで英訳すると、次のようになります。
① 主語と動詞が明確な日本語にします。

　あなたは、この報告書のコピーを3部作っていただけますか？
② 英語の語順にし、英語的な単語に言い換え、動詞の時制を調整します。

　〜していただけますか？、あなたは、作ることを、三つの複写コピーを、この報告書の。
③ 英語に置き換えます。

Could you make three photocopies of this report?

問題 英訳を前提に、次の日本語の主語と動詞部分、目的語を
書き出してみましょう。尊敬表現は平常の表現に戻してください。

39 先方とは明日初顔合わせとなります。

主語は?

動詞部分は?

目的語は?

---

40 申し訳ありません、1本だけ至急電話させてください。

主語は?

動詞部分は?

目的語は?

解答

39 先方とは明日初顔合わせとなります。

【主語】私　**【動詞部分】**会う　**【目的語】**彼ら

　主語は、日本語にありませんが「初顔合わせとなります」から、初顔合わせする人で、ここでは本人である「私」とします。動詞「初顔合わせとなります」は、「初めて会う」ということですので「会う」とします。「会う」の目的語は「先方」です。会話している人同士が互いに誰についての話か分かっているので、代名詞「彼ら」とします。

　リプロセシングで英訳すると、次のようになります。
① 主語と動詞が明確な日本語にします。

私は、明日初めて彼らに会う。

② 英語の語順にし、英語的な単語に言い換え、動詞の時制を調整します。

私は、会おうとしている、彼らに、初めて、明日。

③ 英語に置き換えます。

I'm meeting them for the first time tomorrow.

40 申し訳ありません、1本だけ至急電話させてください。

【主語】私　**【動詞部分】**電話する　**【目的語】**1本の電話

　文の種類は「許可依頼」ですので、Could I...? を思い出します。「電話させて」ほしいのは「私」ですので、主語は「私」です。動詞は「電話させる」ですが、主語を「私」としたので「電話する」とします。目的語は「1本の電話」です。

　リプロセシングで英訳すると、次のようになります。
① 主語と動詞が明確な日本語にします。

すみません、私は1本の至急の電話をかけてもいいですか?

② 英語の語順にし、英語的な単語に言い換え、動詞の時制を調整します。

〜してもいいですか?、私は、かけても、一つの素早い電話を。

③ 英語に置き換えます。

Excuse me, could I make one quick phone call?

問題 英訳を前提に、次の日本語の主語と動詞部分、目的語を書き出してみましょう。尊敬表現は平常の表現に戻してください。

41 少々やりすぎた感がなきにしもあらずかと。

主語は?

___

動詞部分は?

___

目的語は?

___

42 保管場所を失念してしまいました。

主語は?

___

動詞部分は?

___

目的語は?

___

解答

41 少々やりすぎた感がなきにしもあらずかと。

【主語】我々　**【動詞部分】**やりすぎたかもしれない　**【目的語】**それ

　動詞は「なきにしもあらずかと」ではありません。これは、発言を和らげるための表現です。動詞は「やりすぎた」で、主語はやりすぎた人、ここでは「我々」と解釈します。発言を和らげるために「やりすぎたかもしれない」とします。目的語は、互いに分かっていることですので、代名詞「それ」を使います。

　リプロセシングで英訳すると、次のようになります。

① 主語と動詞が明確な日本語にします。

　我々は、それをやりすぎたかもしれない。

② 英語の語順にし、英語的な単語に言い換え、動詞の時制を調整します。

　我々は、〜かもしれない、〜をやりすぎてしまった、それを。

③ 英語に置き換えます。

　We might have overdone it.

42 保管場所を失念してしまいました。

【主語】私　**【動詞部分】**〜を間違った場所に保管した　**【目的語】**それ

　動詞は「失念してしまいました」ですので、主語は失念した人である「私」です。動詞「失念した」は、平常の表現にすると「忘れた」ですが、英語でもビジネスの場で信頼を失いかねない表現です。そこで、実際した動作「間違った場所に保管した」とし、目的語は互いに分かっていることですので、代名詞「それ」を使います。

　リプロセシングで英訳すると、次のようになります。

① 主語と動詞が明確な日本語にします。

　私は、それをどこか間違った場所に保管してしまった。

② 英語の語順にし、英語的な単語に言い換え、動詞の時制を調整します。

　私は、間違ったところに置いてしまった、それを、どこかに。

③ 英語に置き換えます。

　I have misplaced it somewhere.

問題 英訳を前提に、次の日本語の主語と動詞部分、目的語を書き出してみましょう。尊敬表現は平常の表現に戻してください。

43 この型の現時点の売上は約5万台となっております。

主語は?

動詞部分は?

目的語は?

44 これは専門の方々にお聞きにならないと分からないのでは。

主語は?

動詞部分は?

目的語は?

解答

43 この型の現時点の売上は約5万台となっております。

【主語】我々　**【動詞部分】**売った　**【目的語】**約5万台のこの型

　主語になりそうな名詞は「売上」ですが、作文しやすいように、売り上げた人である「我々」とします。主語に合わせ、動詞は「売った」とします。「売った」の目的語は「約5万台」です。具体的には「約5万台のこの型」です。

　リプロセシングで英訳すると、次のようになります。

① 主語と動詞が明確な日本語にします。

　我々は、今日までの段階で、この型を約5万台売った。

② 英語の語順にし、英語的な単語に言い換え、動詞の時制を調整します。

　我々は、売ってしまった、約5万台を、このモデルの、今日の時点までで。

③ 英語に置き換えます。

We've sold about 50,000 units of this model as of today.

44 これは専門の方々にお聞きにならないと分からないのでは。

【主語】あなた　**【動詞部分】**聞く必要がある　**【目的語】**専門的な助言

　主語は、分からない人である「あなた」です。「聞かないと分からない」とありますが、「あなたが分からないだろう」ということを伝えたいのではなく、「あなたは聞く必要がある」と言いたいのです。よって、動詞は「聞く必要がある」です。目的語は、専門家に求める具体的なこと「専門的な助言」です。「聞く」を listen to... と直訳すると「助言に逆らわずに素直に耳を傾ける・従う」という意になりますので、ここは「助言を求める」という意の seek を使います。

　リプロセシングで英訳すると、次のようになります。

① 主語と動詞が明確な日本語にします。

　あなたは、専門的な助言を聞く必要がある。

② 英語の語順にし、英語的な単語に言い換え、動詞の時制を調整します。

　あなたは、〜する必要がある、求める、いくらかのプロのアドバイスを。

③ 英語に置き換えます。

You need to seek some professional advice.

問題 英訳を前提に、次の日本語の主語と動詞部分、目的語を書き出してみましょう。尊敬表現は平常の表現に戻してください。

45 やはりまずはこの問題を片付けてからですね。

主語は?

動詞部分は?

目的語は?

46 何らかの対策を打ち出さないと絶対ダメですね。

主語は?

動詞部分は?

目的語は?

> 解答

45 やはりまずはこの問題を片付けてからですね。

【主語】我々　**【動詞部分】**解決する必要がある　**【目的語】**この問題

　主語は、問題を片付ける人である「我々」です。動詞は「片付ける」ですが、平常の表現にすると「解決する」です。「からですね」とあるので、「まず解決する必要がある」とします。「解決する必要がある」の目的語は「この問題」です。

　リプロセシングで英訳すると、次のようになります。
① 主語と動詞が明確な日本語にします。
　我々は、まずこの問題を解決する必要がある。
② 英語の語順にし、英語的な単語に言い換え、動詞の時制を調整します。
　我々は、〜する必要がある、解決する、この問題を、最初に。
③ 英語に置き換えます。
　We need to solve this problem first.

46 何らかの対策を打ち出さないと絶対ダメですね。

【主語】我々　**【動詞部分】**打ち出さなければならない　**【目的語】**なんらかの対策

　「ダメですね」を動詞にすると、主語が思い浮かびません。動詞を「打ち出す」にして、対策を打ち出すべき人である「我々」を主語にすると作文しやすくなります。「〜しないと絶対ダメです」は、「〜しなければならない」と言い換えて、動詞「打ち出す」を「打ち出さなければならない」とします。目的語は「なんらかの対策」です。

　リプロセシングで英訳すると、次のようになります。
① 主語と動詞が明確な日本語にします。
　我々は、何らかの対策を打ち出さなければならない。
② 英語の語順にし、英語的な単語に言い換え、動詞の時制を調整します。
　我々は、〜しなければならない、取る、何らかの対策を。
③ 英語に置き換えます。
　We must take some measures.

問題 英訳を前提に、次の日本語の主語と動詞部分、目的語を書き出してみましょう。尊敬表現は平常の表現に戻してください。

47 こちらの機種はうちでは未採用です。

主語は？

動詞部分は？

目的語は？

48 すぐ先方に注意を促した方がいいですね。

主語は？

動詞部分は？

目的語は？

>[!NOTE] 解答

47 こちらの機種はうちでは未採用です。

【主語】我々　**【動詞部分】**まだ使ったことがない　**【目的語】**この機種

　主語になりそうな名詞は、「こちらの機種」ですが、動詞「未採用です」を「まだ採用されていない」と受動態にして直訳しなければなりません。より自然な文にするため、採用していない人である「うち」「我々」を主語にします。動詞「未採用です」を、平たい表現「まだ使ったことがない」とします。「使ったことがない」の目的語は「こちらの機種」つまり「この機種」です。

　リプロセシングで英訳すると、次のようになります。

① 主語と動詞が明確な日本語にします。

　我々は、この機種をまだ使ったことがない。

② 英語の語順にし、英語的な単語に言い換え、動詞の時制を調整します。

　我々は、まだ1度も〜したことがない、使う、そのモデルを。

③ 英語に置き換えます。

We have never used this model before.

48 すぐ先方に注意を促した方がいいですね。

【主語】我々　**【動詞部分】**警告しなければならない　**【目的語】**彼ら

　主語になりそうな名詞がないので、「促した方がいいですね」から推測し、促すべき立場の人である「我々」を主語にします。動詞「注意を促す」は、具体的に「警告する」とします。「いいですね」という語気を和らげる表現を、ストレートな表現「警告しなければならない」とします。目的語は「先方」、つまり代名詞「彼ら」です。

　リプロセシングで英訳すると、次のようになります。

① 主語と動詞が明確な日本語にします。

　我々は、すぐ彼らに警告しなければならない。

② 英語の語順にし、英語的な単語に言い換え、動詞の時制を調整します。

　我々は、〜しなければならない、警告する、彼らに、直ちに。

③ 英語に置き換えます。

We must warn them right away.

問題 英訳を前提に、次の日本語の主語と動詞部分、目的語を書き出してみましょう。尊敬表現は平常の表現に戻してください。

49 丸々1カ月を棒に振ってしまったんですから。

主語は?

___

動詞部分は?

___

目的語は?

___

50 とりあえずは今後の展開を見守るしかないですね。

主語は?

___

動詞部分は?

___

目的語は?

___

> **解答**

49 丸々1カ月を棒に振ってしまったんですから。

【主語】我々　【動詞部分】無駄にしてしまった　【目的語】1カ月全部

　主語になりそうな名詞がないので「棒に振ってしまったんです」から推測し、棒に振った人である「我々」とします。動詞「棒に振ってしまったんです」という慣用句は、普通の表現にすると「無駄にしてしまった」です。目的語は「丸々1カ月」、つまり「1カ月全部」です。

　リプロセシングで英訳すると、次のようになります。
① 主語と動詞が明確な日本語にします。

　我々は、1カ月全部を無駄にしてしまった。
② 英語の語順にし、英語的な単語に言い換え、動詞の時制を調整します。

　我々は、無駄にしてしまった、1カ月全部を。
③ 英語に置き換えます。

We've wasted one whole month.

50 とりあえずは今後の展開を見守るしかないですね。

【主語】我々　【動詞部分】見続けなければならない
【目的語】これからどのように物事が進むか

　主語になりそうな名詞がないので「見守るしかないですね」から推測し、見守る立場の人である「我々」を主語とします。動詞「見守る」を、平たい表現にして「見続ける」とします。「しかないですね」は、「〜しなければならない」とします。目的語の「今後の展開」は、英語的な表現「これからどのように物事が進むか」と言い換えます。

　リプロセシングで英訳すると、次のようになります。
① 主語と動詞が明確な日本語にします。

　我々は、これからどのように物事が進むかを、ただ見続けなければならない。
② 英語の語順にし、英語的な単語に言い換え、動詞の時制を調整します。

　**我々は、ただ〜しなければならない、見守り続ける、
　どのように物事が行くかを。**
③ 英語に置き換えます。

We just have to keep watching how things will go.

問題 英訳を前提に、次の日本語の主語と動詞部分、目的語を書き出してみましょう。尊敬表現は平常の表現に戻してください。

51 見積もりは今のところ2通り送っていただいております。

主語は?

動詞部分は?

一つ目の目的語は?

二つ目の目的語は?

52 先方から1週間の猶予をいただきました。

主語は?

動詞部分は?

一つ目の目的語は?

二つ目の目的語は?

解答

51 見積もりは今のところ2通り送っていただいております。

【主語】彼ら　【動詞部分】送った
【目的語1】我々　【目的語2】2通りの見積もり

　主語を「見積もり」にもできますが、作文しやすいように「人」にします。送ってもらった「我々」か、送った「彼ら」です。いずれにしても目的語の一つは「見積もり」です。目的語を二つという問題ですので、動詞「送った」を使います。よって、主語は「彼ら」、目的語は「我々」と「2通りの見積もり」です。

　リプロセシングで英訳すると、次のようになります。

① 主語と動詞が明確な日本語にします。

　彼らは、これまでに我々に、二つの異なった見積もりを、送ってきた。

② 英語の語順にし、英語的な単語に言い換え、動詞の時制を調整します。

　彼らは、送ってしまった、我々に、二つの異なった見積もりを、これまでに。

③ 英語に置き換えます。

They've sent us two different estimates so far.

52 先方から1週間の猶予をいただきました。

【主語】彼ら　【動詞部分】与えた
【目的語1】我々　【目的語2】1週間の猶予

　「いただきました」を動詞とすると、主語は「我々」となります。しかし、目的語を二つという問題ですので、動詞「与えた」を使い、主語は「彼ら」とします。よって、目的語の一つ目は、与えた相手である「我々」とし、二つ目を「1週間の猶予」とします。

　リプロセシングで英訳すると、次のようになります。

① 主語と動詞が明確な日本語にします。

　彼らは、我々に、1週間の猶予を、与えた。

② 英語の語順にし、英語的な単語に言い換え、動詞の時制を調整します。

　彼らは、与えた、我々に、追加の1週間を

③ 英語に置き換えます。

They've given us one extra week.

問題 英訳を前提に、次の日本語の主語と動詞部分、目的語を
書き出してみましょう。尊敬表現は平常の表現に戻してください。

53 ワードの文書を添付でお送りいたします。

主語は?

動詞部分は?

一つ目の目的語は?

二つ目の目的語は?

54 第3四半期の業績見通しをご覧ください。

主語は?

動詞部分は?

一つ目の目的語は?

二つ目の目的語は?

> 解答

53 ワードの文書を添付でお送りいたします。

【主語】私　【動詞部分】送るつもりだ　【目的語1】あなた
【目的語2】ワードの文書

　主語は、文書を送る人である「私」です。動詞「お送りいたします」は、平常の表現「送るつもりだ」とします。「送る」という英語の動詞は、目的語が二つ取れます。一つ目の目的語は人ですので、文書を送られる「あなた」、二つ目は送る物、つまり「ワードの文書」です。

　リプロセシングで英訳すると、次のようになります。
① 主語と動詞が明確な日本語にします。

　私は、あなたに、ワードの文書を添付で、送るつもりだ。
② 英語の語順にし、英語的な単語に言い換え、動詞の時制を調整します。

　私は、送るつもりだ、あなたに、ワードの文書を、添付として。
③ 英語に置き換えます。

I'll send you a Word document as attachment.

54 第3四半期の業績見通しをご覧ください。

【主語】私　【動詞部分】見せたい　【目的語1】あなた
【目的語2】我々の第3四半期の業績見通し

　「ご覧ください」から、主語を「あなた」にもできますが、目的語を二つという問題ですので、目的語が二つ取れる動詞を探します。そこで、「ご覧ください」を「見せる」にします。よって、主語は見せる人である「私」、一つ目の目的語を「あなた」、二つ目を「我々の第3四半期の業績見通し」とします。主語に合わせて動詞は「見せたい」とします。

　リプロセシングで英訳すると、次のようになります。
① 主語と動詞が明確な日本語にします。

　私は、あなた方に、我々の第3四半期の見通しを見せたい。
② 英語の語順にし、英語的な単語に言い換え、動詞の時制を調整します。

　私は、〜したい、見せる、あなた方に、我々の予測を、第3四半期のための。
③ 英語に置き換えます。

I'd like to show you our forecasts for the third quarter.

問題 英訳を前提に、次の日本語の主語と動詞部分、目的語を書き出してみましょう。尊敬表現は平常の表現に戻してください。

55 ホッチキスで止めた両面コピーのとり方を教えてください。

主語は?

___

動詞部分は?

___

一つ目の目的語は?

___

二つ目の目的語は?

___

問題 英訳を前提に、次の日本語の主語と動詞部分、目的語、補語を書き出してみましょう。尊敬表現は平常の表現に戻してください。

56 (会議で)ここはもう少し使いやすくしないとダメだと思います。

主語は?

___

動詞部分は?

___

目的語は?

___

補語は?

___

解答

55 ホッチキスで止めた両面コピーのとり方を教えてください。

【主語】あなた　【動詞部分】やって見せる　【目的語1】私
【目的語2】ホッチキス止めの両面コピーのとり方

　まず、この文の種類は「依頼」ですのでCould you...? というフレーズを思い出し、主語を「あなた」にします。目的語を二つという問題ですので、主語に合わせて「教える」を「やって見せる」とします。一つ目の目的語は「私」、二つ目は「ホッチキス止めの両面コピーのとり方」です。

　リプロセシングで英訳すると、次のようになります。

① 主語と動詞が明確な日本語にします。

　あなたは、私に、ホッチキス止めの両面コピーのとり方を、実際にやって見せてくれませんか?

② 英語の語順にし、英語的な単語に言い換え、動詞の時制を調整します。

　あなたは、実際にやって見せてくれませんか?、私に、どのようにして作るかを、ホッチキス止めの両面コピーを。

③ 英語に置き換えます。

Could you show me how to make stapled, two-sided copies?

56 （会議で）ここはもう少し使いやすくしないとダメだと思います。

【主語】我々【動詞部分】する必要がある　【目的語】これ　【補語】もう少し使いやすく

　ダメだと思う人は「私」ですが、意見の内容だけを訳します。発言の目的は「ダメだ」とけなすことではなく「もっと使いやすくすべきだ」という意見ですので、動詞を「する必要がある」とし、主語を「我々」とします。目的語「ここ」は「これ」とし、補語は「もう少し使いやすく」です。

　リプロセシングで英訳すると、次のようになります。

① 主語と動詞が明確な日本語にします。

　我々は、これを、もう少し使いやすく、する必要がある。

② 英語の語順にし、英語的な単語に言い換え、動詞の時制を調整します。

　我々は、～する必要がある、～にする、これを、より使う人にやさしく。

③ 英語に置き換えます。

We need to make this more user-friendly.

問題 英訳を前提に、次の日本語の主語と動詞部分、目的語、補語を書き出してみましょう。尊敬表現は平常の表現に戻してください。

57 私には何となくとっつきにくい方ですね。

主語は?

動詞部分は?

目的語は?

補語は?

58 ここは全部空欄のままで結構ですので。

主語は?

動詞部分は?

目的語は?

補語は?

解答

57 私には何となくとっつきにくい方ですね。

【主語】私　**【動詞部分】**〜と見る　**【目的語】**彼　**【補語】**話しにくい

　主語を「彼」に「彼は〜な人だ」ともできますが、目的語と補語をという問題ですので、まず目的語と補語が取れる動詞を探します。動詞を「(人を)〜と見る」にすると、目的語と補語が使えます。よって、主語は「私」、目的語は「彼」、補語は「とっつきにくい」で、具体的に「話しにくい」とします。

　リプロセシングで英訳すると、次のようになります。

① 主語と動詞が明確な日本語にします。

　私は、彼を、少々話しにくい、と見る。

② 英語の語順にし、英語的な単語に言い換え、動詞の時制を調整します。

　私は、〜と見る、彼を、少し難しいと、話しかけるのには。

③ 英語に置き換えます。

I find him a little difficult to talk to.

58 ここは全部空欄のままで結構ですので。

【主語】あなた　**【動詞部分】**ままにしておくことができる
【目的語】これらすべて　**【補語】**空欄の

　「空欄のままにしても良い人」である「あなた」を主語にします。動詞の「ままにしておく」は、目的語と補語が必要です。よって、主語は「あなた」、目的語は「ここは全部」、つまり「これらすべて」、補語は「空欄の」です。「結構です」のニュアンスを足して、「ままにしておくことができる」とします。

　リプロセシングで英訳すると、次のようになります。

① 主語と動詞が明確な日本語にします。

　あなたは、これらすべてを、空欄のままにしておくことができる。

② 英語の語順にし、英語的な単語に言い換え、動詞の時制を調整します。

　あなたは、〜することができる、〜のままにしておく、これらすべてを、空欄の。

③ 英語に置き換えます。

You can leave all these blank.

問題 英訳を前提に、次の日本語の主語と動詞部分、目的語、補語を書き出してみましょう。尊敬表現は平常の表現に戻してください。

59 全過程において透明性を重視しております。

主語は?

動詞部分は?

目的語は?

補語は?

---

60 ではこれを持ちまして本日の会議を閉会の運びといたします。

主語は?

動詞部分は?

目的語は?

補語は?

解答

59 全過程において透明性を重視しております。

【主語】我々　【動詞部分】保とうとしている
【目的語】全過程　【補語】透明に

　重視している人「我々」を主語にします。動詞は「重視する」ですが、「重視する」の英訳を考えようとすると、訳しづらくなります。問題の指示に従って、目的語と補語が取れる「保つ」を動詞に使い、「保つ努力をしている」「保とうとしている」とします。目的語は「全過程」、補語は「透明に」です。

　リプロセシングで英訳すると、次のようになります。

① 主語と動詞が明確な日本語にします。

　我々は、全過程を、透明に、保とうとしている。

② 英語の語順にし、英語的な単語に言い換え、動詞の時制を調整します。

　我々は、〜しようとする、保とうと、全体の過程を、透明に。

③ 英語に置き換えます。

　We try to keep the whole process transparent.

60 ではこれを持ちまして本日の会議を閉会の運びといたします。

【主語】私　【動詞部分】宣言する
【目的語】その会議　【補語】閉会した状態

　閉会の運びとする人は、主語「私」です。動詞「運びといたします」ということは、権限のある人が「宣言する」ということです。「宣言する」は、目的語と補語が取れる英語の動詞があります。目的語は「会議」で具体的に今やっている「その会議」とし、補語は「閉会した状態」という形容詞です。

　リプロセシングで英訳すると、次のようになります。

① 主語と動詞が明確な日本語にします。

　では、私は、会議は、閉会した状態と、宣言する。

② 英語の語順にし、英語的な単語に言い換え、動詞の時制を調整します。

　では、我は、〜と宣言する、その会議は、閉じている。

③ 英語に置き換えます。

　Now, I declare the meeting closed.

CHAPTER 4
英訳できる日本語にして英訳する練習

問題

① (仕事中の人に) 失礼します、ちょっとよろしいですか?

1. 文の種類は?

□依頼　　□許可依頼　　□丁重な反論　　□謝罪

2. その種類の文で、よく使うフレーズは?

3. 主語は?

4. 動詞は?

5. 主語と動詞が明確な日本語にしてみましょう。

6. 英語の構文と単語を意識した日本語に書き換えてみましょう。

7. 英訳してみましょう。

HINT

Exc___ m_. M__ I sp___ t_ y_ f__ a m____?

解答

1

（仕事中の人に）失礼します、ちょっとよろしいですか?
Excuse me. May I speak to you for a minute?

1. 文の種類は?

許可依頼

2. よく使うフレーズは?

May I...? (〜してもよろしいですか?)

3. 主語は?

私

4. 動詞は?

話す

5. 主語と動詞が明確な日本語にしてみましょう。

すみません、私は、ちょっとお話してもよろしいでしょうか?

6. 英語の構文と単語を意識した日本語に書き換えてみましょう。

すみません、私は、あなたにちょっとの間だけ話しかけてもよろしいですか?

■ 英訳のポイント

話し手が、相手に何かしてほしいのか、自分が何かするのを許可してほしいのかを考えれば、「許可依頼」の文だと分かります。そこで、May I...? というフレーズを思い出し、主語がI「私」ですので、動詞は「私」がしたいことを考えます。「話す」はtalkも使えます。日本語では、わざわざ「あなたに話す」と、話し相手を具体的に言ったりしませんが、英語では言います。to you「あなたに」を忘れると、「すみません、私今からここで独り言を言い始めてもいいですか?」という意味になります。動詞を「仕事を中断させる」にして、May I interrupt you... とも訳せます。

問題

② （1に続けて）実は、今回のX社とのプロジェクトなのですが。

1. 文の種類は?
□提案　　□報告・伝達　　□確認　　□催促

2. その種類の文で、よく使うフレーズは?
_____

3. 主語は?
_____

4. 動詞は?
_____

5. 主語と動詞が明確な日本語にしてみましょう。
_____

6. 英語の構文と単語を意識した日本語に書き換えてみましょう。
_____

7. 英訳してみましょう。
_____

HINT

Th__ i_ ab___ o__ n__ pr_____ w___ X Corporation.

> 解答

2

（1に続けて）実は、今回のX社とのプロジェクトなのですが。

This is about our new project with X Corporation.

1. 文の種類は?
報告・伝達

2. よく使うフレーズは?
This is about....（今回連絡をしましたのは、〜を伝えるためです）

3. 主語は?
これ（＝今から話す内容）

4. 動詞は?
〜です

5. 主語と動詞が明確な日本語にしてみましょう。
これ（今からお話しすること）は、今回のX社とのプロジェクトに関してです。

6. 英語の構文と単語を意識した日本語に書き換えてみましょう。
これは、我々のX社との新しいプロジェクトに関してです。

■ **英訳のポイント**

「実は〜」は、今から話すことについての前置きですので、「報告・伝達」の文だと分かります。そこで、This is about...というフレーズを思い出せば、主語が今から話す内容 this「これ」で、動詞は is「です」と分かります。日本語の「実は」の部分を、とりあえず to tell the truth と英語にしてしまうと、「今まで隠していたのですが」という打ち明け話になってしまいます。「今回の」も this time と単語単位で英訳してはいけません。「今回のプロジェクト」は、「今回新たに始まるプロジェクト」というニュアンスですので、「新しい」とします。「X社とのプロジェクト」が、どのプロジェクトのことかは、お互い承知済みですので、project に the か our を付けます。

問題

③ (2に続けて)少々ご相談したいことがございます。

1. 文の種類は?
□依頼　　□許可依頼　　□意思・意向　　□報告・伝達

---

2. その種類の文で、よく使うフレーズは?

---

3. 主語は?

---

4. 動詞は?

---

5. 主語と動詞が明確な日本語にしてみましょう。

---

6. 英語の構文と単語を意識した日本語に書き換えてみましょう。

---

7. 英訳してみましょう。

HINT

I w____ i_ y__ c____ g__ m_ adv___ o_ a f__ th____.

> 解答

3

(2に続けて)少々ご相談したいことがございます。
I wonder if you could give me advice on a few things.

1. 文の種類は?
依頼

2. よく使うフレーズは?
I wonder if you could...?
(恐れ入りますが、〜していただくことができますでしょうか?)

3. 主語は?
私

4. 動詞は?
(〜かどうか)思う

5. 主語と動詞が明確な日本語にしてみましょう。
少々アドバイスをいただくことができないかと私は、思ってます。

6. 英語の構文と単語を意識した日本語に書き換えてみましょう。
私は、あなたが、私に、2、3の事柄についてアドバイスを与えることができるかどうか、と思います。

■ 英訳のポイント

話し手が「ご相談したい」と言っているのですから、「依頼」です。そこで、Could you...?「あなたは〜することができますか?」というフレーズを思い出しますが、ここではもう少し改まった表現 I wonder if you could...? というフレーズを使います。よって、主語は I「私」で、動詞は wonder (if)「〜かどうか思う」です。「ご相談したい」を具体的にすると「アドバイスが欲しい」「アドバイスをください」となります。「少々のアドバイス」を some advice とすると「漠然とした何らかのアドバイスを」という意味になりますので、具体的に「2、3の点に関してのアドバイス」advice on a few things とします。

問題

④ （個人的には面識のない得意先の訪問客に）
木村様、いつも大変お世話になっております。

1. 文の種類は?
☐感謝　　☐報告・伝達　　☐希望・願望　　☐挨拶・社交辞令

2. 来社した客への一般的な英語表現は?
_____

3. 主語は?
_____

4. 動詞は?
_____

5. 主語と動詞が明確な日本語にしてみましょう。
_____

6. 英語の構文と単語を意識した日本語に書き換えてみましょう。
_____

7. 英訳してみましょう。
_____

HINT

Mr. Kimura, h__ a__ y__ t____?

> 解答

4

（個人的には面識のない得意先の訪問客に）
木村様、いつも大変お世話になっております。

Mr. Kimura, how are you today?

1. 文の種類は？
挨拶・社交辞令

2. 来社した客への一般的な英語表現は？
How are you today?（お元気ですか？）

3. 主語は？
あなた（＝木村様）

4. 動詞は？
（〜の状態で）ある

5. 主語と動詞が明確な日本語にしてみましょう。
木村様は、本日のご機嫌は、いかがですか？

6. 英語の構文と単語を意識した日本語に書き換えてみましょう。
木村様、あなたは、本日はどのような状態ですか？

■英訳のポイント

「お世話になっております」ですから、まぎれもなく「挨拶・社交辞令」だと分かります。日本で、来客が社名と名前を名乗ったとき、取引のある会社であれば、応対している人自身に面識がなくても、「いつも大変お世話になっております」と言うでしょう。英語の社会で、こういうとき使う挨拶は How are you today? です。面識の有無を問わず使えます。面識があり、前にお会いしてから時間が経っているようなら It's so nice to see you again, Mr. Kimura. How have you been? とします。

問題

⑤ （メールで）本日、御社営業の鈴木課長に3時からのお約束をいただいております。

1. 文の種類は?

□依頼 　　□許可依頼 　　□報告・伝達 　　□確認

___

2. その種類の文で、よく使うフレーズは?

___

3. 主語は?

___

4. 動詞は?

___

5. 主語と動詞が明確な日本語にしてみましょう。

___

6. 英語の構文と単語を意識した日本語に書き換えてみましょう。

___

7. 英訳してみましょう。

___

HINT

I'm wr_____ th_ n___ t_ l_ y__ kn__ th_ I h___ a_ app_____ w___ Mr. Suzuki i_ y___ S___ D_____ a_ thr__ o'cl___ to___.

> 解答

5 （メールで）本日、御社営業の鈴木課長に3時からのお約束をいただいております。

I'm writing this note to let you know that I have an appointment with Mr. Suzuki in your Sale Department at three o'clock today.

1. 文の種類は?
報告・伝達

2. その種類の文で、よく使うフレーズは?
I'm writing this note to...
（今回メールを差し上げましたのは、〜のためです）

3. 主語は?
私

4. 動詞は?
（このメールを）書いている

5. 主語と動詞が明確な日本語にしてみましょう。
私がこのメールを書いているのは、私が御社の営業部の鈴木課長と3時の面会約束があるということをあなたに伝えるためです。

6. 英語の構文と単語を意識した日本語に書き換えてみましょう。
このメールを書いています、あなたに〜を知らせるために、私が、あなた方の営業部の鈴木さんと、3時の約束を、持ってるということを、今日。

■ 英訳のポイント

メールの冒頭で、「私がこれを書いているのは〜を伝えるためです」と始める「報告・伝達」の文です。そこで、I'm writing this note to... というフレーズを思い出せば、主語がI「私」、動詞がam writing「書いている」と分かります。「いただいている」は、「約束がある」という意味で、英語では「私は約束を持っている」とします。「鈴木課長」は、英語ではMr. Suzukiです。鈴木課長に「課長!」と呼びかけるときもMr.Suzukiです。

> 問題

6 （受付で「鈴木課長に3時からのお約束をいただいております」と伝えたあと）お取り次ぎいただけますか？

1. 文の種類は?
□依頼　□許可依頼　□申し出・招待　□催促

2. その種類の文で、よく使うフレーズは?
___

3. 主語は?
___

4. 動詞は?
___

5. 主語と動詞が明確な日本語にしてみましょう。
___

6. 英語の構文と単語を意識した日本語に書き換えてみましょう。
___

7. 英訳してみましょう。
___

HINT

C____ y__ t___ h__ I'_ h___?

> **解答**

6 （受付で「鈴木課長に3時からのお約束をいただいております」と伝えたあと）お取り次ぎいただけますか？

Could you tell him I'm here?

1. 文の種類は？

依頼

2. よく使うフレーズは？

Could you...?（～していただけますか？）

3. 主語は？

あなた

4. 動詞は？

取り次ぐ

5. 主語と動詞が明確な日本語にしてみましょう。

あなたは、鈴木さんに私が到着したことを取り次いでいただけますか？

6. 英語の構文と単語を意識した日本語に書き換えてみましょう。

あなたは、伝えることができますか、彼（鈴木さん）に、私がここにいるということを？

■ **英訳のポイント**

「～していただけますか？」と言っているので、「依頼」の文だと分かります。そこで、Could you...? というフレーズを思い出せば、主語は「あなた」、動詞は「取り次ぐ」と分かります。「取り次ぐ」という動詞を具体的にすると、「約束の客が到着したという事実を鈴木課長に伝える」です。「伝える」は tell を使いますが、「tell＋人＋伝える内容」と、目的語が二つ必要です。伝える人である「鈴木さん」について、話し手と聞き手が了解済みですので him とします。伝える内容である「私が（到着して）ここにいるということ」は (that)I'm here です。

問題

⑦ （訪問先で）（佐藤）社長さん、いらっしゃらなければ、また日を改めまして。

1. 文の種類は?
□許可依頼　　□申し出・招待　　□意思・意向　　□挨拶・社交辞令

2. その種類の文で、よく使うフレーズは?
_____

3. 主語は?
_____

4. 動詞は?
_____

5. 主語と動詞が明確な日本語にしてみましょう。
_____

6. 英語の構文と単語を意識した日本語に書き換えてみましょう。
_____

7. 英訳してみましょう。
_____

HINT

I_ Mr. Sato i_ n__ i_, I'__ c___ b___ s___ o____ t___.

解答

7 （訪問先で）（佐藤）社長さん、いらっしゃらなければ、また日を改めまして。

If Mr. Sato is not in, I'll come back some other time.

1. 文の種類は?

意思・意向

2. よく使うフレーズは?

I will.... （～いたします）

3. 主語は?

私

4. 動詞は?

伺う

5. 主語と動詞が明確な日本語にしてみましょう。

佐藤（社長）さんが不在でしたら、私はまた後日にここに伺います。

6. 英語の構文と単語を意識した日本語に書き換えてみましょう。

もし佐藤さんが不在であるならば、私は、戻ってくるつもりです、いつか別のときに。

■ **英訳のポイント**

「日を改めまして」の後に省略されているのは、「伺います」ですので、「意思・意向」の文だと分かります。そこで、I will... というフレーズを思い出せば、主語が「私」、動詞は「伺う」と分かります。「伺う」は具体的に「戻ってくる」come back を使います。「日を改めて」は、「後日に」「またいつか別のときに」ですので、some other time です。「（佐藤）社長さん、いらっしゃらなければ」の部分は、If を使って、主語を Mr. Sato、動詞を「不在である」is not in とします。

問題

⑧ （7に続けて）お戻りになられましたら、ぜひよろしくお伝えください。

1. 文の種類は?
□依頼　　□許可依頼　　□申し出・招待　　□希望・願望

2. その種類の文で、よく使うフレーズは?

3. 主語は?

4. 動詞は?

5. 主語と動詞が明確な日本語にしてみましょう。

6. 英語の構文と単語を意識した日本語に書き換えてみましょう。

7. 英訳してみましょう。

HINT

C____ y__ j___ t___ h__ th__ I st_____ b_ t_ s__ h____, wh__ h_ r_____?

> 解答

8
（7続けて）お戻りになられましたら、ぜひよろしくお伝えください。
Could you just tell him that I stopped by to say hello, when he returns?

1. 文の種類は?
依頼

2. よく使うフレーズは?
Could you...? (〜していただけますか?)

3. 主語は?
あなた

4. 動詞は?
伝える

5. 主語と動詞が明確な日本語にしてみましょう。
佐藤（社長）さんが戻られましたら、私が挨拶をするために立ち寄ったということを、あなたはお伝えだけしてください。

6. 英語の構文と単語を意識した日本語に書き換えてみましょう。
あなたは、佐藤さんに、私がこんにちは、と言うために立ち寄った、ということを伝えるだけすることができますか、彼が戻ったときに?

■ 英訳のポイント

「お伝えください」から、「依頼」の文だと分かります。そこで、Could you ...? というフレーズを思い出せば、主語が「あなた」、動詞はあなたがすること、すなわち「伝える」だと分かります。「よろしく」は、「私が挨拶に立ち寄ったこと」という意味です。「伝える」はtellを使いますが、「tell +人+伝える内容」と、目的語が二つ必要です。伝える人である「佐藤（社長）さん」について、話し手と聞き手が了解済みですのでhimとします。伝える内容である「私が挨拶に立ち寄ったこと」は that I stopped by to say hello とします。最後に「彼が戻ったときに」を when で表します。

問題

9 (8に続けて)それと、これよろしければ皆さんで召し上がってください。

1. 二つの文に分けて訳します。文の種類は?

☐申し出・招待+感謝　　☐挨拶・社交辞令+希望・願望

2. 贈り物を手渡すときの英語表現は? その次の文の種類で、よく使うフレーズは?

3. 各文の主語は?

4. 各文の動詞は?

5. 主語と動詞が明確な日本語にしてみましょう。

6. 英語の構文と単語を意識した日本語に書き換えてみましょう。

7. 英訳してみましょう。

HINT

① A___, th__ i_ a l____ s_____ f__ y__ a__.

② I h___ y__'_ e___ i_.

> 解答

9
（8に続けて）それと、これよろしければ皆さんで召し上がってください。
① Also, this is a little something for you all.
② I hope you'll enjoy it.

1. 文の種類は?
①挨拶・社交辞令 + ②希望・願望

2. よく使うフレーズは?
① This is a little something for... (つまらない物ですが)
② I hope that... (どうぞ〜ように)

3. 主語は?
①これ　②私

4. 動詞は?
①です　②願う

5. 主語と動詞が明確な日本語にしてみましょう。
①それから、これは皆さんのためにお持ちしたほんのささやかな物です。
②おいしく召し上がっていただければと私は願います。

6. 英語の構文と単語を意識した日本語に書き換えてみましょう。
①それから、これはあなた方全員のための単なる小さい何かです。
②私はあなた方がそれを楽しむことを願います。

■英訳のポイント
「これよろしければ」は、「挨拶・社交辞令」の文です。そこで、「つまらない物ですが」と贈り物を手渡すとき使う英語 This is a little something for... というフレーズを思い出せば、主語は「これ」、動詞は「です」と分かります。後半の「召し上がってください」は、話し手の「希望・願望」ですので、I hope that... というフレーズを使います。主語は「私」、動詞は「願う」です。この文を「申し出・招待」と取ると Please eat this. となり、押しつけがましくなってしまいます。「皆さん」は all を付けて「皆さん全員」とします。

問題

⑩ (電話で)営業部長のグプタさんいらっしゃいますでしょうか？

1. 文の種類は？
☐依頼　　☐許可依頼　　☐確認　　☐催促

2. その種類の文で、よく使うフレーズは？
_____

3. 主語は？
_____

4. 動詞は？
_____

5. 主語と動詞が明確な日本語にしてみましょう。
_____

6. 英語の構文と単語を意識した日本語に書き換えてみましょう。
_____

7. 英訳してみましょう。
_____

HINT

M__ I sp___ t_ Mr. Gupta, th_ S____ M_____?

解答

10 （電話で）営業部長のグプタさんいらっしゃいますでしょうか？
May I speak to Mr, Gupta, the Sales Manager?

1. 文の種類は?
許可依頼

2. よく使うフレーズは?
May I...?（〜してもよろしいですか?）
もしくは
Could I...?（〜してもよろしいでしょうか?）

3. 主語は?
私

4. 動詞は?
話す

5. 主語と動詞が明確な日本語にしてみましょう。
私は、営業部長のグプタさんとお話することができますか？

6. 英語の構文と単語を意識した日本語に書き換えてみましょう。
私は、営業部長のグプタさんに話をしてもいいですか？

■英訳のポイント

電話をグプタさんに代わってほしいのですから、「許可依頼」の文です。そこで、May I...? もしくは Could I...? というフレーズを思い出せば、主語が「私」、動詞は「話す」と分かります。「いらっしゃいますでしょうか?」を直訳して、Is Mr. Gupta there?とすると、かなりなれなれしくなります。「話す」speak は、talk でも大丈夫です。どちらも to とセットで「〜に話をする」になると考えましょう。

問題

⑪ あいにく土日は立て込んでおりまして。

1. 文の種類は?
□拒否・辞退　　□丁重な反論　　□報告・伝達　　□謝罪

2. その種類の文で、よく使うフレーズは?

3. 主語は?

4. 動詞は?

5. 主語と動詞が明確な日本語にしてみましょう。

6. 英語の構文と単語を意識した日本語に書き換えてみましょう。

7. 英訳してみましょう。

HINT

I'_ s____, but I'_ afr___ I'_ n__ ab__ t_ m___ i_ th_ w_____.

> **解答**

11 あいにく土日は立て込んでおりまして。
I'm sorry, but I'm afraid I'm not able to make it this weekend.

1. 文の種類は?
拒否・辞退

2. よく使うフレーズは?
I am sorry, but I'm afraid...（申し訳ないのですが、〜）

3. 主語は?
私

4. 動詞は?
都合を付ける（ことができない）

5. 主語と動詞が明確な日本語にしてみましょう。
残念ながら、私は、今週の土日は都合を付けることができません。

6. 英語の構文と単語を意識した日本語に書き換えてみましょう。
残念ながら、私は、今週末は、（何とか都合を付けて）それに参加することができません。

■ 英訳のポイント

「立て込んでいる」というのは、お誘いを辞退する際の言い訳ですので、これは「拒否・辞退」の文です。そこで I am sorry, but I'm afraid... というフレーズを思い出せば、主語が「私」、動詞は「都合を付けることができない」と分かります。「あいにく」を直訳して unfortunately とすると、「（客観的に）遺憾・残念だ」というニュアンスになってしまうので、申し訳ないという気持ちを伝えるためには、I'm sorry を使います。「立て込んでいる」は、「なんとか都合を付けてそれに参加することができない」で、make it を使います。「〜できない」を can't とすると語気が強いので、I'm not able to とします。「土日」は、まとめて「今週末」this weekend です。

問題

⑫ 明日の<u>Z社との打ち合わせなのですが</u>、開始が朝の8時45分に変更になりました。

1. 下線部の文の種類は?

☐申し出・招待　　☐報告・伝達　　☐確認　　☐謝罪

2. その種類の文で、よく使うフレーズは?

3. 下線部の主語は?

4. 下線部の動詞は?

5. 主語と動詞が明確な日本語にしてみましょう。

6. 英語の構文と単語を意識した日本語に書き換えてみましょう。

7. 英訳してみましょう。

HINT

Th__ i_ ab___ o __ m_____ w___ Z Company t_____.
I_ h__ b___ r_____ t_ st___ a_ 8:45 a.m.

> 解答

12 <u>明日のZ社との打ち合わせなのですが</u>、開始が朝の8時45分に変更になりました。

This is about our meeting with Z Company tomorrow. It has been rescheduled to start at 8:45 a.m.

1. 文の種類は?
報告・伝達

2. よく使うフレーズは?
This is about.... (今回連絡をしましたのは、~を伝えるためです)

3. 主語は?
これ(=今から話すこと)

4. 動詞は?
(~について)です

5. 主語と動詞が明確な日本語にしてみましょう。
これ(今から話すこと)は、明日のZ社との会議についてです。
それは朝の8時45分開始に予定変更されました。

6. 英語の構文と単語を意識した日本語に書き換えてみましょう。
これは我々の明日のZ社との会議についてです。
それは、8時45分に始まるように、予定し直しされました。

■ **英訳のポイント**

「変更になりました」とあるので、事実を伝える「報告・伝達」の文です。そこで、This is about.... というフレーズを思い出します。誰の会議かを明確にして、our meeting with Z Company tomorrow とします。後半の文の主語を「開始」にすると、動詞「変更になる」と合いません。主語は、変更になった「明日のZ社との打ち合わせ」で、「それ」とします。動詞は「予定変更された」と受け身にします。「された」のは過去ではなく、当初とは違う開始時間になっているので、現在の話です。よって、現在完了形にします。

問題

⑬ （12に続けて）明朝は自宅から直接Ｚ社の方へ伺いたいのですがよろしいでしょうか？

1. 文の種類は?

□依頼　　□許可依頼　　□意思・意向　　□希望・願望

2. その種類の文で、よく使うフレーズは?

___

3. 主語は?

___

4. 動詞は?

___

5. 主語と動詞が明確な日本語にしてみましょう。

___

6. 英語の構文と単語を意識した日本語に書き換えてみましょう。

___

7. 英訳してみましょう。

___

HINT

W____ i_ b_ p_____ f__ me to go t_ th___ off___ d_____ fr__ h___ t_____ m_____?

> **解答**

13

（12に続けて）明朝は自宅から直接 Z 社の方へ伺いたいのですがよろしいでしょうか？

Would it be possible for me to go to their office directly from home tomorrow morning?

1. 文の種類は?

許可依頼

2. よく使うフレーズは?

Would it be possible for me to...?（～してもよろしいでしょうか?）

3. 主語は?

それ（これから自分がしたいことを指して）

4. 動詞は?

（可能）である

5. 主語と動詞が明確な日本語にしてみましょう。

それ（明朝自宅から直接 Z 社の方へ行くこと）は、可能でしょうか?

6. 英語の構文と単語を意識した日本語に書き換えてみましょう。

それは可能でしょうか、私にとって、明朝、直接家から彼らのオフィスへ行くことは?

■ 英訳のポイント

「したいのですがよろしいですか?」と言っていることから、「許可依頼」の文です。Would it be possible for me to...? というフレーズを思い出します。主語は「それ」、動詞が「可能である」です。問題12の続きですので、「Z 社」は their office とします。「明朝は自宅から直接」は、英語の語順で directly from home tomorrow morning とします。

問題

⑭ （重要な相手との商談中に、重要な顧客から携帯に電話がかかってきて）
大変申し訳ございません、少々失礼させていただけますか？

1. 文の種類は?

□依頼　　□許可依頼　　□謝罪　　□希望・願望

2. その種類の文で、よく使うフレーズは?

___

3. 主語は?

___

4. 動詞は?

___

5. 主語と動詞が明確な日本語にしてみましょう。

___

6. 英語の構文と単語を意識した日本語に書き換えてみましょう。

___

7. 英訳してみましょう。

___

HINT

Exc___ m_. M__ I t___ th__?

> 解答

14 (重要な相手との商談中に、重要な顧客から携帯に電話がかかってきて)
大変申し訳ございません、少々失礼させていただけますか?

Excuse me. May I take this?

1. 文の種類は?
許可依頼

2. よく使うフレーズは?
May I...? (〜してもよろしいですか?)

3. 主語は?
私

4. 動詞は?
(電話に)出る

5. 主語と動詞が明確な日本語にしてみましょう。
すみません。私は、この電話に出てもよろしいでしょうか?

6. 英語の構文と単語を意識した日本語に書き換えてみましょう。
すみません。私は〜してもいいですか、これ(この電話)を取って?

■ 英訳のポイント

「〜させていただけますか?」から、「許可依頼」の文だと分かります。そこで、May I...?というフレーズを思い出せば、主語は「私」、動詞が「電話に出る」と分かります。「大変申し訳ございません」は、このような場合英語の社会で行う挨拶「すみません」Excuse me.を使います。商談中の重要な相手に失礼がないように、自分の「意思・意向」ではなく「許可依頼」のMay I ...?を加えます。「この電話に出る」はtake this callで、双方電話の話をしていることは分かっているので、callは省略します。answer this (call)も使えます。

問題

⑮ 誠に恐縮ながら、本日時点での御社からのお振込みの確認がまだ取れておりません。

1. 文の種類は?

☐丁重な反論　　☐確認　　☐催促　　☐謝罪

2. その種類の文で、よく使うフレーズは?

_____

3. 主語は?

_____

4. 動詞は?

_____

5. 主語と動詞が明確な日本語にしてみましょう。

_____

6. 英語の構文と単語を意識した日本語に書き換えてみましょう。

_____

7. 英訳してみましょう。

_____

HINT

W_ reg___ t_ inf___ y__ th__ w_ h___ n_ r_____ y__ p_____ a_ o_ t____.

解答

15 誠に恐縮ながら、本日時点での御社からのお振込みの確認がまだ取れておりません。

We regret to inform you that we have not received your payment as of today.

1. 文の種類は?

催促

2. よく使うフレーズは?

We regret to inform you that...
(誠に残念ながら〜であることをお知らせいたします)

3. 主語は?

我々

4. 動詞は?

(あなた方に〜であると知らせることを)残念に思う

5. 主語と動詞が明確な日本語にしてみましょう。

我々は、今日時点での御社からの振込みの確認ができず、残念です。

6. 英語の構文と単語を意識した日本語に書き換えてみましょう。

我々は、残念に思いながら、あなた方に〜であることを知らせます、我々が、まだ〜を受け取っていないことを、あなた方(から)の支払いを、今日までの時点で。

■英訳のポイント

「お振り込みの確認がまだ取れておりません」と婉曲な表現をしていますが、真意は「催促」です。そこで、We regret to inform you that... というフレーズを思い出せば、主語は「我々」、動詞が「残念に思う」と分かります。「確認ができていない」は、具体的にして「受け取っていない」です。まだ支払いの受け取りが完了していないので、現在完了形 have not received とします。「振込み」は、話し相手「あなた」がする支払いですので your payment です。「本日時点で」は as of today で、文末に置きます。

問題

⑯ お心遣いは誠に恐縮なのですが。

1. 文の種類は？　この文の後は「拒否・辞退」の文が続きます。
□謝罪（+拒否・辞退）　　□感謝（+拒否・辞退）

2. その種類の文で、よく使うフレーズは？

3. 主語は？

4. 動詞は？

5. 主語と動詞が明確な日本語にしてみましょう。

6. 英語の構文と単語を意識した日本語に書き換えてみましょう。

7. 英訳してみましょう。

HINT

Th___ y__ v___ m___ f__ y___ off__, b__ ....

> 解答

16 お心遣いは誠に恐縮なのですが。
Thank you very much for your offer, but ....

1. 文の種類は?
感謝（+拒否・辞退）

2. よく使うフレーズは?
Thank you very much for... (〜を感謝いたします)

3. 主語は?
私

4. 動詞は?
感謝する

5. 主語と動詞が明確な日本語にしてみましょう。
私は、お申し出には大変感謝いたします、しかし〜。

6. 英語の構文と単語を意識した日本語に書き換えてみましょう。
（私は）〜をとても感謝しています、あなたの申し出を、しかし〜。

■ 英訳のポイント

　この文は、「拒否・辞退」を伝える前に「お心遣い」に対してお礼を言っていますので、「感謝」の文だと分かります。そこで、Thank you very much for... というフレーズを思い出せば、主語は「私」、動詞が「感謝する」と分かります。感謝するのは、「相手のお心遣い」、ここでは何らかの誘いか申し出があったとして、「あなたの申し出」your offerとします。より丁寧に I very much appreciate your offer, but... とも言えます。

問題

⑰ （16に続けて）（お心遣いは大変ありがたいのですが、）私には到底分不相応のお話ではと。

1. 文の種類は?

□拒否・辞退　　□丁重な反論　　□報告・伝達　　□謝罪

2. その種類の文で、よく使うフレーズは?

_____

3. 主語は?

_____

4. 動詞は?

_____

5. 主語と動詞が明確な日本語にしてみましょう。

_____

6. 英語の構文と単語を意識した日本語に書き換えてみましょう。

_____

7. 英訳してみましょう。

_____

HINT

(Thank you very much for your offer, but)

I'_ af____ I'_ comp_____ un_____ f__ th__.

解答

17 （16に続けて）（お心遣いは大変ありがたいのですが、）私には到底分不相応のお話ではと。

(Thank you very much for your offer, but) I'm afraid I'm completely unqualified for this.

1. 文の種類は?
拒否・辞退

2. よく使うフレーズは?
Thank you very much for..., but I'm afraid...
（［お誘い］大変恐縮ですが、〜）

3. 主語は?
私

4. 動詞は?
思う

5. 主語と動詞が明確な日本語にしてみましょう。
私にはそ（れをするため）の資格が全然ないのではと思います。

6. 英語の構文と単語を意識した日本語に書き換えてみましょう。
私は、〜と恐れています、私が、このための資格がまったくないと。

■ **英訳のポイント**

婉曲な表現をしていますが、これは「拒否・辞退」の文です。そこで、Thank you very much for your offer, but I'm afraid... というフレーズを思い出せば、主語は「私」、動詞が「思う」と分かります。「拒否・辞退」と判断した瞬間に、I'm afraid と始めます。「到底分不相応」は、自分にはもったいない、まったく力不足ということです。それを英語の表現に近づけて「自分にはそれをするだけの資格がまったくない」completely unqualified とします。資格がないことが何か、互いに分かっているので this を使い、for this を加えます。

問題

⑱ はなはだ恐縮ですが、私どもの記憶ではそのようなお話は
お聞きしていなかったかと。

1. 文の種類は?

□拒否・辞退　　□意見　　□報告・伝達　　□謝罪

2. その種類の文で、よく使うフレーズは?

_____

3. 主語は?

_____

4. 動詞は?

_____

5. 主語と動詞が明確な日本語にしてみましょう。

_____

6. 英語の構文と単語を意識した日本語に書き換えてみましょう。

_____

7. 英訳してみましょう。

_____

HINT

I'_ very s____, b__ I'_ af____ wh__ y__ h___ j___ t___
u_ i_ v___ d_____ f___ wh__ w_ h____ b_____.

解答

18

はなはだ恐縮ですが、私どもの記憶ではそのようなお話は
お聞きしていなかったかと。

I'm very sorry, but I'm afraid what you have just told us is very different from what we heard before.

1. 文の種類は?

拒否・辞退

2. よく使うフレーズは?

I am sorry, but I'm afraid... (申し訳ないのですが、〜)

3. 主語は?

私

4. 動詞は?

残念に思う

5. 主語と動詞が明確な日本語にしてみましょう。

私は、大変残念に思いますが、今お聞きしたことは以前お聞きしたこととかなり違っていると思います。

6. 英語の構文と単語を意識した日本語に書き換えてみましょう。

私は、とても残念に思います、しかし私は〜と恐れます、あなた方がたった今我々に言ったことは、前に我々が(あなた方から)聞いたこととても違う、と。

■ **英訳のポイント**

「お聞きしていなかった」という事実を伝えたい訳ではなく、「拒否・辞退」しています。そこで、I am sorry, but I'm afraid... というフレーズを思い出します。主語は「私」、動詞が「残念に思う」です。「そのようなお話」は、具体的に「あなた方が今我々に言ったこと」what you have just told usとします。「私どもの記憶」は、前の表現にそろえ、「この前そちらから我々が聞いたこと」what we heard beforeとします。

問題

⑲ 今回は無理ですが、次回ぜひよろしくお願いします。

1. 文の種類は?
□依頼　　□提案　　□拒否・辞退　　□希望・願望

2. その種類の文で、よく使うフレーズは?
___

3. 「次回ぜひよろしくお願いします」の主語は?
___

4. 動詞は?
___

5. 主語と動詞が明確な日本語にしてみましょう。
___

6. 英語の構文と単語を意識した日本語に書き換えてみましょう。
___

7. 英訳してみましょう。
___

HINT

I'_ s____, b__ I'_ af____ I'_ h___ t_ t___ a r___ ch___.

> **解答**

19 今回は無理ですが、次回ぜひよろしくお願いします。
I'm sorry, but I'm afraid I'll have to take a rain check.

1. 文の種類は?

拒否・辞退

2. よく使うフレーズは?

I am sorry, but I'm afraid... (申し訳ないのですが、〜)

3. 主語は?

私

4. 動詞は?

残念に思う

5. 主語と動詞が明確な日本語にしてみましょう。

私は、残念に思う、しかし次回参加の予約券を取らなければなりません。

6. 英語の構文と単語を意識した日本語に書き換えてみましょう。

私は、申し訳なく思います、しかし私は〜と恐れます、
私は〜しなければならないと、次回参加の予約券を取ることを。

■ 英訳のポイント

「無理です」とはっきり言っているので、「拒否・辞退」の文だと分かります。そこで、I'm sorry, but I'm afraid... というフレーズを思い出せば、主語は「私」、動詞が「残念に思う」と分かります。「次回ぜひよろしくお願いします」は、同じく「拒否・辞退」のCould I take a rain check? (次回はぜひお願いします)いうフレーズを使うと簡単です。「しかし、私はrain checkをtakeしなければなりません」とします。ほかに ..., but I'd very much like to join you next time (次はぜひ参加したいです) ともできます。I'd very much like to... (とても〜したい)のvery muchに「ぜひ」というニュアンスが出せます。

問題

⑳ コーヒーの方、冷めないうちにどうぞ。

1. 文の種類は?
☐ 依頼　　☐ 申し出・招待　　☐ 提案　　☐ 催促

2. その種類の文で、よく使うフレーズは?

3. 主語は?

4. 動詞は?

5. 主語と動詞が明確な日本語にしてみましょう。

6. 英語の構文と単語を意識した日本語に書き換えてみましょう。

7. 英訳してみましょう。

HINT

Pl____ h___ y_____ t_ th_ c____.

解答

20 コーヒーの方、冷めないうちにどうぞ。
Please help yourself to the coffee.

1. 文の種類は?

申し出・招待

2. よく使うフレーズは?

Please... (ぜひ〜なさってください)

3. 主語は?

あなた

4. 動詞は?

飲む

5. 主語と動詞が明確な日本語にしてみましょう。

あなたは、どうぞ遠慮なさらず、コーヒーを飲んでください。

6. 英語の構文と単語を意識した日本語に書き換えてみましょう。

どうぞ、コーヒーに(対して)遠慮せず自由になさってください。

■ **英訳のポイント**

「どうぞ」から、「申し出・招待」の文だと分かります。そこで、Please... というフレーズを思い出せば、命令文のため主語は表記されませんが「あなた」、動詞は「飲む」と分かります。しかし、Please drink the coffee. とすると「(なぜ飲まないんですか)お願いだからそのコーヒーを(グイッと)飲んでください」と強引な感じになります。食べ物や飲み物を出されて遠慮して手を出していない人に対して勧めるときや、盛皿から自分で皿に取ってほしいときの決まり文句 help yourself to... を使うと自然な英語になります。to は前置詞ですので、その後は名詞 the coffee を置きます。「冷めないうちに」は、while it's still hot ですが、言わなくても分かることなので、訳しません。

問題

㉑ （20に答えて）では遠慮なくいただきます。

1. 文の種類は?
□許可依頼　　□承諾　　□意思・意向　　□希望・願望

2. その種類の文で、よく使うフレーズは?

3. 主語は?

4. 動詞は?

5. 主語と動詞が明確な日本語にしてみましょう。

6. 英語の構文と単語を意識した日本語に書き換えてみましょう。

7. 英訳してみましょう。

HINT

Th___ y__ v___ m___.

解答

21 (20に答えて)では遠慮なくいただきます。
Thank you very much.

1. 文の種類は?

承諾

2. よく使うフレーズは?

Thank you very much for... I'd be delighted to.
(〜へのお誘いありがとうございます。ぜひお願いいたします)

3. 主語は?

私

4. 動詞は?

感謝する

(通常の「承諾」で後に続く「喜んで〜します」I'll be happy to. などはあまりにも大げさなので不必要です。)

5. 主語と動詞が明確な日本語にしてみましょう。

私は、感謝します。

6. 英語の構文と単語を意識した日本語に書き換えてみましょう。

(私は)あなたにとても感謝します。

■英訳のポイント

　答えを見ると拍子抜けするくらい簡単です。「どうぞ」との申し出に「いただきます」と言っているのですから、「承諾」の文だと分かります。そこで、Thank you very much for... I'd be delighted to. というフレーズを思い出せば、Thank you は慣例句なので省略されていますが、主語は「私」、動詞は「感謝する」と分かります。まだコーヒーが出されていないとき、「コーヒーでもいかがですか?」Would you like some coffee? と聞かれて、「はい、では遠慮なく」と答えるなら、Yes, please. とするのが自然です。

問題

㉒ 私どもといたしましては、X案に比べましてより簡素なY案の方がお薦めかと。

1. 文の種類は?
☐依頼　　☐申し出・招待　　☐提案　　☐意見

2. その種類の文で、よく使うフレーズは?

3. 主語は?

4. 動詞は?

5. 主語と動詞が明確な日本語にしてみましょう。

6. 英語の構文と単語を意識した日本語に書き換えてみましょう。

7. 英訳してみましょう。

HINT

W_ th___ Plan Y i_ b_____ th__ Plan X bec____ i_'_ m___ s_____.

（解答）

22 私どもといたしましては、X案に比べましてより簡素なY案の方がお薦めかと。

We think Plan Y is better than Plan X because it's much simpler.

1. 文の種類は?
意見

2. よく使うフレーズは?
I think that... (〜と思います)

3. 主語は?
我々

4. 動詞は?
思う

5. 主語と動詞が明確な日本語にしてみましょう。
我々は、X案よりY案の方が、より簡単なので良いと思います。

6. 英語の構文と単語を意識した日本語に書き換えてみましょう。
我々は、〜と思います、Y案の方がX案より良いと、なぜならそれはより簡単だからです。

■英訳のポイント

「お薦めかと」から、「意見」の文だと分かります。そこで、I think that... というフレーズを思い出せば、主語はここでは「我々」、動詞が「思う」と分かります。英語では、先に結論を言い、その後理由を言うのが基本です。そこで、まず結論を言います。「X案に比べてY案の方がお薦め」ということは、「Y案がX案より良いと思っている」のです。そして、理由はbecauseを使って言います。becauseの代わりにsinceやasも使えますが、文脈によっては別の意味に取られてしまう可能性もあります。なおこの文は、「意思・意向」として、I'd like to...「〜いたします」とrecommendを使い、We'd like to recommend Y rather than X.とも訳せます。

> **問題**

㉓ あくまで私見ではございますが、X案もY案も甲乙付け難いのでは、と存じます。

1. 文の種類は?

□申し出・招待　　□提案　　□意見　　□丁重な反論

2. その種類の文で、よく使うフレーズは?

___

3. 主語は?

___

4. 動詞は?

___

5. 主語と動詞が明確な日本語にしてみましょう。

___

6. 英語の構文と単語を意識した日本語に書き換えてみましょう。

___

7. 英訳してみましょう。

___

HINT

P_____, I th___ Plan X a__ Plan Y a__

eq_____ exc_____.

> **解答**

23
あくまで私見ではございますが、X案もY案も甲乙付け難いのでは、と存じます。

Personally, I think Plan X and Plan Y are equally excellent.

1. 文の種類は?
意見

2. よく使うフレーズは?
Personally, I think that... (あくまで私見ですが、〜と思います)

3. 主語は?
私

4. 動詞は?
思う

5. 主語と動詞が明確な日本語にしてみましょう。
個人的には、私は、X案もY案も同様に素晴らしいと思います。

6. 英語の構文と単語を意識した日本語に書き換えてみましょう。
個人的には、私は、X案とY案は同等に優れている、と思います。

■ 英訳のポイント

「あくまで私見ではございますが」から、「意見」の文だと分かります。個人の意見を言う表現ですので、Personally, I think that... というフレーズを思い出せば、主語は「私」、動詞が「思う」と分かります。「X案もY案も甲乙付け難い」は、具体的に「X案、Y案とも同じくらい優れている」という英語的な表現に言い換えます。「同じくらい優れている」を「同等に優れている」と言い換えれば、equally excellent という英語にしやすくなります。同じ「意見」のフレーズの As far as I'm concerned, ...「私といたしましては〜と思っております」も使えます。

問題

㉔ そうですね、1週間ほどみていただければ、確実にご用意できるかと存じます。

1. 文の種類は?

□申し出・招待　　□提案　　□意見　　□意思・意向

2. その種類の文で、よく使うフレーズは?

3. 主語は?

4. 動詞は?

5. 主語と動詞が明確な日本語にしてみましょう。

6. 英語の構文と単語を意識した日本語に書き換えてみましょう。

7. 英訳してみましょう。

HINT

I w____ s__ th__ o__ w____ w____ g____ u_ pl_____ o_ t____ t_ g__ th__ r_____.

解答

24 そうですね、1週間ほどみていただければ、確実にご用意できるかと存じます。

I would say that one week will give us plenty of time to get them ready.

1. 文の種類は?
意見

2. よく使うフレーズは?
I would say that... (〜のように思います)

3. 主語は?
私

4. 動詞は?
言うであろう

5. 主語と動詞が明確な日本語にしてみましょう。
私は、1週間あれば十分それらを準備することができるのではないかと言うと思います。

6. 英語の構文と単語を意識した日本語に書き換えてみましょう。
私は、〜と言うであろう、1週間が、我々に〜を与えるだろうと、それらを準備するための十分(あり余る)時間を。

■ 英訳のポイント

「〜かと存じます」と自分の見通しを言っているので、「意見」の文です。そこで、控えめな意見表明の表現であるI would say that...というフレーズを思い出せば、主語は「私」、動詞が「言うであろう」と分かります。「1週間あれば我々は〜できる」は、主語を「我々」としてif節を使うと長くなってしまうので、主語を「1週間」one week、動詞を「与える」giveとします。giveですので、二つの目的語「我々」「〜する時間」us time to...を取ります。「ご用意できる」のは未来のことなのでwill give usとします。

問題

㉕ 誠にせんえつながら申し上げますと、X案の方は資金的にもかなり無理がかかるかと。

1. 文の種類は?

□拒否・辞退 　　□意見 　　□丁重な反論 　　□謝罪

2. その種類の文で、よく使うフレーズは?

3. 主語は?

4. 動詞は?

5. 主語と動詞が明確な日本語にしてみましょう。

6. 英語の構文と単語を意識した日本語に書き換えてみましょう。

7. 英訳してみましょう。

HINT

W___ a__ d__ r_____, I'_ af____ th__ Plan X i_ n__ f_____ v___ f_____.

解答

25 誠にせんえつながら申し上げますと、X案の方は資金的にもかなり無理がかかるかと。

With all due respect, I'm afraid that Plan X is not financially very feasible.

1. 文の種類は?
丁重な反論

2. よく使うフレーズは?
With all due respect, ...(誠にせんえつながら、〜)

3. 主語は?
私

4. 動詞は?
残念に思う

5. 主語と動詞が明確な日本語にしてみましょう。
相当のすべての敬意を持ってしても、私は、X案は資金的にあまり実現可能ではないと思います。

6. 英語の構文と単語を意識した日本語に書き換えてみましょう。
相当のすべての敬意を持ってしても、私は、〜と恐れます、X案は資金的にあまり実現可能ではないと。

■ 英訳のポイント

「せんえつながら申し上げます」と言っているのですから、「丁重な反論」の文です。そこで、With all due respect, ...というフレーズを思い出します。反論ですので、良くない知らせを伝えるときのフレーズ I'm afraid を使います。自分の意見を言うのですから、主語は「私」、動詞は「残念に思う」です。「資金的に」は、「財政的に」financially とします。「かなり無理がかかる」は「あまり現実的でない」「実現可能でない」not feasible と英語的な表現に言い換えます。possible、practical、realistic も使えます。

問題

26
それではこれ以降の議論は来週に持ち越しということでよろしいでしょうか？

1. 文の種類は?

□依頼　　□許可依頼　　□提案　　□確認

2. その種類の文で、よく使うフレーズは?

3. 主語は?

4. 動詞は?

5. 主語と動詞が明確な日本語にしてみましょう。

6. 英語の構文と単語を意識した日本語に書き換えてみましょう。

7. 英訳してみましょう。

HINT

Sh___ w_ s__ th__ w_'__ d_____ th_ r___ n___ w___?

解答

26 それではこれ以降の議論は来週に持ち越しということで よろしいでしょうか？

Shall we say that we'll discuss the rest next week?

1. 文の種類は?

提案

2. よく使うフレーズは?

Shall we say that...? (〜ということでどうでしょうか?)

3. 主語は?

我々

4. 動詞は?

言う

5. 主語と動詞が明確な日本語にしてみましょう。

我々は、残りは来週話し合うということにいたします、と言いましょうか？

6. 英語の構文と単語を意識した日本語に書き換えてみましょう。

我々は、〜と言いましょうか、我々は残りを来週話し合う予定だと？

■ **英訳のポイント**

「〜ということでよろしいでしょうか？」とありますので、「提案」の文だと分かります。婉曲な提案ですので、Shall we say that...? というフレーズを思い出します。主語は「我々」、動詞が「言う」と分かります。その次は、提案内容である「これ以降の議論は来週に持ち越す」を考えます。提案内容の主語は「我々」です。動詞は「持ち越す」ですが、具体的には「残りを話し合う」のです。日本語では「話し合う」と現在形ですが、話し合うのは来週、未来の話ですので will を入れて、「話し合う予定です」we will discuss... とします。will がない現在形では「我々はいつも次週に話します」というニュアンスになってしまいます。

問題

㉗ 来週あたり一席設けさせていただければ、と思っているのですが。

1. 文の種類は?
□許可依頼　　□申し出・招待　　□意見　　□希望・願望

2. その種類の文で、よく使うフレーズは?

3. 主語は?

4. 動詞は?

5. 主語と動詞が明確な日本語にしてみましょう。

6. 英語の構文と単語を意識した日本語に書き換えてみましょう。

7. 英訳してみましょう。

HINT

I w____ i_ y__ w____ b_ i_____ i_ h_____ d_____ t_____ s_____ n___ w___?

> **解答**

27 来週あたり一席設けさせていただければ、と思っているのですが。

I wonder if you would be interested in having dinner together sometime next week?

1. 文の種類は?
申し出・招待

2. よく使うフレーズは?
I wonder if you'd be interested in...?
(もしよろしければ〜でもいかがですか?)

3. 主語は?
私

4. 動詞は?
思う

5. 主語と動詞が明確な日本語にしてみましょう。
私は、来週の何時か一緒に食事をすることにあなたが御興味があるかしら、と思っています。

6. 英語の構文と単語を意識した日本語に書き換えてみましょう。
私は、〜かどうか思います、あなたが〜することに興味をもたれるかと、一緒に夕食をとることに、来週の何時か?

■英訳のポイント

「一席設けさせていただければ」というお誘いをしていることから、「申し出・招待」の文だと分かります。「申し出・招待」でも、とても丁寧な口調ですので、I wonder if you'd be interested in...? というフレーズを思い出します。そこで、主語は「私」、動詞が「思う」と分かります。申し出の内容は「来週あたり一席設けさせて欲しい」です。まず「一席を設ける」は、具体的にすると「一緒に夕食をとる」have dinner together です。「来週あたり」は、「来週の何時か」sometime next week とします。

問題

(28) 念のため直通の電話番号を伺ってもよろしいでしょうか？

1. 文の種類は?

□依頼　　□許可依頼　　□確認　　□希望・願望

2. その種類の文で、よく使うフレーズは?

3. 主語は?

4. 動詞は?

5. 主語と動詞が明確な日本語にしてみましょう。

6. 英語の構文と単語を意識した日本語に書き換えてみましょう。

7. 英訳してみましょう。

HINT

J___ t_ m___ s___, m__ I a__ y___ d_____ off___ ph___ n_____?

> **解答**

28 念のため直通の電話番号を伺ってもよろしいでしょうか?
Just to make sure, may I ask your direct office phone number?

1. 文の種類は?
確認

2. よく使うフレーズは?
Just to make sure, may I ask...?
(念のため〜をお尋ねいたします)

3. 主語は?
私

4. 動詞は?
尋ねる

5. 主語と動詞が明確な日本語にしてみましょう。
念のため、私は、あなたのいるオフィスの直通の電話番号をお尋ねしてもよろしいですか?

6. 英語の構文と単語を意識した日本語に書き換えてみましょう。
念のため、私は、〜をお尋ねしてもいいですか、あなたの直接のオフィスの電話番号を?

■英訳のポイント

念のために直通の電話番号を聞いているのですから、「確認」の文だと分かります。そこで、「念のため」の確認であるJust to make sure, may I ask...?というフレーズを思い出します。よって、主語は「私」、動詞が「尋ねる」と分かります。「直通の電話番号」は、話し相手の番号で、直通の番号ですので、状況を考えるとオフィスの番号だと思います。そこで、「あなたの直通のオフィスの電話番号」とします。your direct numberだけでも大丈夫です。

問題

㉙ 締め切りに間に合われたのは何よりです。

1. 文の種類は?
□意見　　□報告・伝達　　□感謝　　□賞賛

2. その種類の文で、よく使うフレーズは?

3. 主語は?

4. 動詞は?

5. 主語と動詞が明確な日本語にしてみましょう。

6. 英語の構文と単語を意識した日本語に書き換えてみましょう。

7. 英訳してみましょう。

HINT

I'_ h____ t_ h___ th__ y__ h___ m___ th_ d_____.

> **解答**

29 締め切りに間に合われたのは何よりです。
I'm happy to hear that you have made the deadline.

1. 文の種類は?
賞賛

2. よく使うフレーズは?
I'm happy to hear that... (〜をお聞きして、うれしく思っております)

3. 主語は?
私

4. 動詞は?
うれしく思う

5. 主語と動詞が明確な日本語にしてみましょう。
締め切りに間に合ったということをお聞きして、私は、うれしく思います。

6. 英語の構文と単語を意識した日本語に書き換えてみましょう。
私は、うれしく思います、〜ということをお聞きして、あなた方が締め切りに何とか間に合ったということ。

■英訳のポイント

「何よりです」と、締め切りに間に合ったという良いニュースを聞いて喜んでいるのですから、良い知らせへの「賞賛」の文です。そこで、I'm happy to hear that... というフレーズを思い出せば、主語は「私」、動詞が「うれしく思う」と分かります。良いニュースの内容は、「締め切りに間に合った」ということですから、主語は「あなた」、動詞は「間に合う」make the deadlineです。「間に合った」のは、過去の出来事ではなく、間に合って大丈夫な状態が今も続いているということですから、現在完了形 you have made とします。

問題

30 まだ不慣れではありますが、がんばりますのでどうぞよろしくお願い申し上げます。

1. 文の種類は?

□依頼　　□感謝　　□謝罪　　□希望・願望

2. その種類の文で、よく使うフレーズは?

3. 主語は?

4. 動詞は?

5. 主語と動詞が明確な日本語にしてみましょう。

6. 英語の構文と単語を意識した日本語に書き換えてみましょう。

7. 英訳してみましょう。

HINT

I'_ v___ m__ l_____ f_____ t_ l_____ m_ n__ j__ a__ w_____ w__ y__ a__.

解答

30 まだ不慣れではありますが、がんばりますのでどうぞよろしくお願い申し上げます。

I'm very much looking forward to learning my new job and working with you all.

1. 文の種類は?
希望・願望

2. よく使うフレーズは?
I'm looking forward to.... (〜を楽しみにしています)

3. 主語は?
私

4. 動詞は?
楽しみにしている

5. 主語と動詞が明確な日本語にしてみましょう。
私は、新しい業務を学ぶこと、また皆さんを一緒に仕事をすることを楽しみにしています。

6. 英語の構文と単語を意識した日本語に書き換えてみましょう。
私は、〜をとても楽しみにしています、新しい仕事を学ぶこと、そして皆さん全員と一緒に働くことを。

■ 英訳のポイント

「どうぞよろしくお願い申し上げます」のような「挨拶・社交辞令」は直訳できません。英語ではこのような場合、積極的に自分の「希望・願望」を伝えます。そこで、I'm looking forward to... という前向きなフレーズを思い出し、主語は「私」、動詞は「楽しみにしている」とします。「不慣れではありますが」は日本語ならではの謙譲の表現です。英語では「新しい業務を学ぶこと、また皆さんと一緒に仕事をすることを楽しみにしている」とポジティブに訳します。look forward to の to は前置詞ですので、動名詞が続きます。よって、動名詞は「学ぶ」leaning と「仕事をする」working です。

CHAPTER 5
実力確認問題

問題 次の日本語を英訳してみましょう。

1 木曜の会議ですが、6時20分までで切り上げてください。

2 （1に続けて）会議室3に6時30分から予定が入っておりますので。

3 （1と2に答えて）申し訳ないのですが、7時過ぎまでかかります。

4 （3に続けて）どこか別の会議室を使っていただけませんでしょうか？

5 このたびはお世話になります。先日のお話の草案がまとまりました。

解答

1 木曜の会議ですが、6時20分までで切り上げてください。

→ あなた方の木曜日の会議を、6時20分までに終わらせていただけますか？
【依頼】

Do you think you could finish your Thursday meeting by 6:20?

2 （1に続けて）会議室3に6時30分から予定が入っておりますので。

→ 何か別のものが会議室3に予定されています、
（そしてそれは）6時半に始まります。【報告・伝達】

There is something else scheduled for Conference Room 3, starting at 6:30.

3 （1と2に答えて）申し訳ないのですが、7時過ぎまでかかります。

→ 申し訳ありませんが、私は我々が7時過ぎまで
終わらないと思います。【拒否・辞退】

I'm sorry, but I'm afraid we won't finish till past 7:00.

4 （3に続けて）どこか別の会議室を使っていただけませんでしょうか？

→ この別のもののためにどこか他の部屋を使って
いただけないでしょうか？【依頼】

Would it be possible for you to use some other room for this other thing?

5 このたびはお世話になります。先日のお話の草案がまとまりました。

→ 先日あなたのお時間（をいただき）感謝しています。草案ができました。
【挨拶・社交辞令（感謝）と報告・伝達】

Thank you very much for your time the other day. The draft is ready now.

問題 次の日本語を英訳してみましょう。

6 今から添付でお送りしたいのですが、PDFでよろしいですか?

7 できましたらワードの方で送っていただけますか?

8 そうしていただくと手直しの方が楽になります。

9 書類ですが、本日書留でお送りいたしました。

10 受領書に署名捺印の上、同封の返信封筒でご郵送のほどお願いいたします。

解答

6 今から添付でお送りしたいのですが、PDFでよろしいですか？
  → PDFであなたにお送りしてもよろしいでしょうか？【許可依頼】
  Would it be all right if I sent it to you in PDF?

7 できましたらワードの方で送っていただけますか？
  → それをワードでお送りいただくことは可能でしょうか？【依頼】
  Would it be possible for you to send it in Word?

8 そうしていただくと手直しの方が楽になります。
  → 私にとっての編集が簡単になります、そうしていただけると。【報告・伝達】
  Editing would become easier for me that way.

9 書類ですが、本日書留でお送りいたしました。
  → 私は送りました、あなたにその書類を書留で、本日。【報告・伝達】
  I sent you the document by registered mail today.

10 受領書に署名捺印の上、同封の返信封筒でご郵送のほどお願いいたします。
  → その受領書に署名捺印して、我々に返送していただけますか、その同封されている封筒の中に入れて？【依頼】
  Could you sign and put your seal on the receipt and mail it back to us in the enclosed envelope?

問題 次の日本語を英訳してみましょう。

11 よろしければこちらの会議室のテーブルをお使いください。

12 (11に答えて) 恐れ入ります。もう済みましたので大丈夫です。

13 実は来週の水曜に例の講習会があるのですが、いらっしゃいますか?

14 (13に答えて) 水曜日は予定が入っちゃってるんですよ。

15 (13に答えて) ええぜひお願いいたします。念のため開始時間だけ確認させてください。

解答

11 よろしければこちらの会議室のテーブルをお使いください。

→ こちらにある会議室の中のテーブルをお使いになることはいかがですか？
【申し出・招待】

Would you like to use the table in the conference room over here?

12 （11に答えて）恐れ入ります。もう済みましたので大丈夫です。

→ ありがとうございます。でもそれは必要ではありません。
私はやらなければならないことをもうすでに終えてしまいました。
【拒否・辞退と報告・伝達】

Thank you very much, but that won't be necessary. I'm already done with what I had to do.

13 実は来週の水曜に例の講習会があるのですが、いらっしゃいますか？

→ 先日私がお話した講習会にまだご興味がおありですか？
来週の水曜日に開催されます。【申し出・招待と報告・伝達】

Would you still be interested in the seminar I told you about? It's coming up next Wednesday.

14 （13に答えて）水曜日は予定が入っちゃってるんですよ。

→ 残念ながら、私は来週の水曜日にはもう何か別のものが予定に
入っています。【拒否・辞退】

I'm sorry, but I'm afraid I already have something else next Wednesday.

15 （13に答えて）ええ、ぜひお願いいたします。念のため開始時間だけ確認させてください。

→ はい、とても行ってみたいと思ってます。手短に開始時間確認しても
いいですか？【承諾と確認】

Yes, I'd be most interested. May I just confirm the starting time?

問題 次の日本語を英訳してみましょう。

16 (職場のリーダーがメンバー全員に)現在扱っている案件すべてに同様の問題がないか、まず確認が必要です。

17 (16に続けて)問題がありそうな場合は、直ちに私に報告してください。

18 (17に続けて)この調査に直ちに取り掛かりたいと思います。

19 (メンバーの一人が18に続けて)明日の夕方にもう1度皆で集まりますか?

20 (リーダーが19に答えて)できれば今日の夕方、と私は思っていたのですが、皆さんはどうですか?

解答

16 (職場のリーダーがメンバー全員に)現在扱っている案件すべてに同様の問題がないか、まず確認が必要です。
→我々は、我々の現在のすべての案件をどうしてもチェックしたい、我々が同様の問題を抱えていないかどうかを調べるために。【意思・意向】

We must check all of our current files to see if we have any similar problems.

17 (16に続けて)問題がありそうな場合は、直ちに私に報告してください。
→もしあなた方が万が一何かを見つけたら、あなた方は私に報告していただけますか、直ちに?【依頼】

If you should find anything, could you let me know right away?

18 (17に続けて)この調査に直ちに取り掛かりたいと思います。
→私は、我々が今、それに関しての仕事を始めることを、提案します。【提案】

I suggest that we start working on it now.

19 (メンバーの一人が18に続けて)明日の夕方にもう1度皆で集まりますか?
→〜ということにしましょうか、我々は、再び集まると、明日、早い晩のいつか?【提案】

Shall we say that we'll meet again tomorrow sometime in the early evening?

20 (リーダーが19に答えて)できれば今日の夕方、と私は思っていたのですが、皆さんはどうですか?
→私は考えていました、たぶん我々は今晩再び集まるべきではないかと。皆さんはどうお感じですか?【提案と意見】

I was thinking that perhaps we should meet again this evening. How does everyone feel?

問題 次の日本語を英訳してみましょう。

21 確かにお申し出の内容自体は申し分ないのですが、

22 （21に続けて）今がその時期かと申しますと少々違った見方をいたしております。

23 確かにおっしゃるとおりなのですが、

24 （23に続けて）これをやるためには、現在の計画の抜本的見直しが必要になってくるのではないでしょうか。

25 誠にせんえつながら、必ずしもそうではないのではと。

解答

21 確かにお申し出の内容自体は申し分ないのですが、

→ それは確かに真実です、これが素晴らしい申し出だということ。しかし〜【丁重な反論】

It is certainly true that this is a wonderful offer, but...

22 (21に続けて)今がその時期かと申しますと少々違った見方をいたしております。

→ 私は少々異なった感じ方をしています、これが我々にとって本当にベストなタイミングかどうかに関しては。【丁重な反論】

I feel a little differently about whether this is really the best timing for us.

23 確かにおっしゃるとおりなのですが、

→ あなたの言わんとしていることは分かります。しかし〜【丁重な反論】

I can see your point, but...

24 (23に続けて)これをやるためには、現在の計画の抜本的見直しが必要になってくるのではないでしょうか。

→ 〜のように思われます、これは我々に〜を強いるでしょう、我々の現在の計画を極端に変えることを。【意見】

It seems to me that this would force us to drastically change our current plan.

25 誠にせんえつながら、必ずしもそうではないのではと。

→ 相当のすべての敬意をもってしても、私は〜と感じます、それは必ずしもその通りではないと。【丁重な反論】

With all due respect, I feel that's not necessarily the case.

問題 次の日本語を英訳してみましょう。

26 では次にデータをいくつか検証いたしましょう。

27 二つの図表をご覧いただきたいと思います。

28 恐れ入りますが、こちらの照明だけ少々暗くしてもよろしいでしょうか?

29 次になぜこのような事態が起きているかをご説明いたします。

30 すでに周知のこととは存じますが、弊社は7月より本社にございます三つの部署を一つに統合いたします。

解答

26 では次にデータをいくつか検証いたしましょう。
→ では、いくつかのデータを(一緒に)見ましょう。【提案】
Now, let us (=let's) look at some data.

27 二つの図表をご覧いただきたいと思います。
→ 私は、あなた方に、二つの図表を、お見せしたいと思います。【意思・意向】
I'd like to show you two charts.

28 恐れ入りますが、こちらの照明だけ少々暗くしてもよろしいでしょうか?
→ 私は〜してもよろしいでしょうか、こちらのこれらの照明を少し暗くしても?【許可依頼】
Would it be all right if I turned down these lights over here?

29 次になぜこのような事態が起きているかをご説明いたします。
→ 次に、私は説明したいと思います、どうしてこれが起きているかを。【意思・意向】
Next, I'd like to explain why this is happening.

30 すでに周知のこととは存じますが、弊社は7月より本社にございます三つの部署を一つに統合いたします。
→ おそらくすでにご存知だとは思いますが、我々の会社は、本社にある現在の三つの部署を一つに統合することになっています。【報告・伝達】
Perhaps you know this aleady, but our company will consolidate the current three divisions in our head office into one.

問題 次の日本語を英訳してみましょう。

31 （メールで）いつも大変お世話になっております。来シーズンの新製品に関しましてご連絡いたします。

32 いただいたお電話で恐縮なのですが、実は来週の打ち合わせについてお尋ねしたいことがございまして。

33 7月15日に貸し出されております、以下の10点の本の返却がまだされておりません。

34 （33に答えて）未返却の本についていただいたご連絡に関してメールをいたします。

35 （34に続けて）先週の日曜、8月19日ですが、間違いなく返却しております。

解答

31 (メールで)いつも大変お世話になっております。来シーズンの新製品に関しましてご連絡いたします。

→ 私はすべて良好でいらっしゃることを願っております。私はこの手紙を書いております、我々の新しい製品のラインアップに関してあなたにお知らせするためです、次のシーズンの。【挨拶・社交辞令(希望・願望)と報告・伝達】

I hope all is well. I'm writing this note to let you know about our new product line-up for the next season.

32 いただいたお電話で恐縮なのですが、実は来週の打ち合わせについてお尋ねしたいことがございまして。

→ あなたがお電話してくれてよかったです、というのは私はちょうどあなたに電話しようとしていたからです、来週の我々の会合について。【挨拶・社交辞令と報告・伝達】

I'm glad you called, because I was meaning to call you about our meeting next week.

33 7月15日に貸し出されております、以下の10点の本の返却がまだされておりません。

→ これは再度の注意喚起のお知らせです、あなたが7月の15日に借りた以下の10冊の本が本日までに返却されていないことについての。【催促】

This is to remind you that the following 10 books you checked out on July 15th have not been returned as of today.

34 (33に答えて)未返却の本についていただいたご連絡に関してメールをいたします。

→ これは私があなたからいただいた再度注意喚起の知らせに関してです、私が7月15日にお借りした10冊の本に関しての。【報告・伝達】

This is about the reminder note I received from you about the 10 books I checked out on July 15th.

35 (34に続けて)先週の日曜、8月19日ですが、間違いなく返却しております。

→ 実は私はこれらすべての本を先週日曜日、8月の19日に返却いたしました。【報告・伝達】

Actually, I returned all of them last Sunday, on August 19th.

問題 次の日本語を英訳してみましょう。

36 先月のお支払いに関しまして、本日時点でのお振込みがいまだ確認できておりません。

37 大変申し訳ございません。事務手続きの手違いがございました。

38 本日午後電信でお振込みいたしました。

39 今週金曜日までに振込みが確認されませんと、10パーセントの遅滞料金が課せられます。

40 この会を成功に導くため多大なるご尽力を賜りましたこと深く感謝申し上げます。

解答

36 先月のお支払いに関しまして、本日時点でのお振込みがいまだ確認できておりません。

→ 誠に残念ながら私たちはあなた方にお知らせいたします、先月分のあなた方の支払いがまだ確認されていないことを、本日時点で。【催促】

We regret to inform you that your payment for last month has not been confirmed as of today.

37 大変申し訳ございません。事務手続きの手違いがございました。

→ 我々はこの遅滞に関して大変申し訳なく思っております。事務上の間違いが我々の方でありました。【謝罪と報告・伝達】

We are very sorry about this delay. There was a clerical error on our part.

38 本日午後電信でお振込みいたしました。

→ 我々は支払いを電信で振り込みました、今日の午後に。【報告・伝達】

We wired the payment this afternoon.

39 今週金曜日までに振込みが確認されませんと、10パーセントの遅滞料金が課せられます。

→ もし支払いが今週の金曜日までになされませんと、我々は10パーセントの課徴金の支払いを要求しなければならなくなるでしょう。【催促】

If the payment is not made by Friday this week, I'm afraid we'd have to ask for a 10 percent penalty fee.

40 この会を成功に導くため多大なるご尽力を賜りましたこと深く感謝申し上げます。

→ 我々は深い感謝の気持ちを表したいと思います、あなたがした努力のすべてに、この会議を成功させるために。【感謝】

We'd like to express our deepest gratitude for all the effort you have made to make this conference successful.

問題 次の日本語を英訳してみましょう。

41 (40に答えて)いえいえ、何も大したことはしておりません。

42 (41に続けて)私などはかえってお若い方の足手まといになったようなものですので。

43 こちらは粗品でございます。よろしかったらお持ち帰りください。

44 皆様にこのような多大なご迷惑をおかけしてしまいましたこと重ね重ねお詫び申し上げます。

45 ひとえに社長としての私の不徳のいたすところでございます。

解答

41 (40に答えて)いえいえ、何も大したことはしておりません。
→ あなたの余りあるお褒めの言葉に感謝いたします。【感謝】
Thank you very much for your generous compliment.

42 (41に続けて)私などはかえってお若い方の足手まといになったようなものですので。
→ 私は、お礼を申し上げたいと思います、これらのすべての若い男性たちと女性たちに、この準備全般を通して私を助けてくれた。【感謝】
I would like to thank all these young men and women who have helped me through the whole preparation.

43 こちらは粗品でございます。よろしかったらお持ち帰りください。
→ これはほんのちいさな贈り物です、我々からの。気に入ってくださるといいのですが。【挨拶・社交辞令と希望・願望】
This is just a small gift from us. We hope you'll like it.

44 皆様にこのような多大なご迷惑をおかけしてしまいましたこと重ね重ねお詫び申し上げます。
→ 私は深くお詫び申し上げたいと思います、皆さん全員に対して我々がもたらした迷惑のすべてに関して。【謝罪】
I'd like to deeply apologize for all the trouble we have caused you all.

45 ひとえに社長としての私の不徳のいたすところでございます。
→ 社長として、私のみが、我々が会社として皆さんにもたらした迷惑のすべてに対する責任を負っております。【報告・伝達】
As President, I'm solely responsible for all the trouble we, as a company, have caused you.

問題 次の日本語を英訳してみましょう。

46 皆、必死の思いで頑張りましたが、力及ばずでした。

47 どんなにか無念でしょう。

48 ご転職おめでとうございます。

49 新しい土地でいろいろ不安もあるでしょうが、頑張ってください。

50 今後ともご指導ご鞭撻(べんたつ)のほどよろしくお願い申し上げます。

解答

46 皆、必死の思いで頑張りましたが、力及ばずでした。
→ 我々は、やれることはすべてやりました、しかし我々は困難を乗り切ることができませんでした。【報告・伝達】

We have done everything we could, but we've failed to pull through.

47 どんなにか無念でしょう。
→ これらすべてを受け入れることはさぞ苦しかったことでしょう。【哀悼・同情】

It must have been very difficult to accept all this.

48 ご転職おめでとうございます。
→ おめでとうございます、あなたの新しい仕事に関して。【賞賛】

Congratulations on your new job!

49 新しい土地でいろいろ不安もあるでしょうが、頑張ってください。
→ あなたはとてもわくわくしているのと同時に少し不安に感じているでしょう、新しい町に移り住むことに関して、しかし私は確信しています、あなたが、この新しい経験をとても楽しむであろうということを。【挨拶・社交辞令】

You must be very excited as well as a bit anxious about moving into a new town, but I'm sure you will very much enjoy this new experience.

50 今後ともご指導ご鞭撻(べんたつ)のほどよろしくお願い申し上げます。
→ 我々は、いただけたらとても感謝いたします、あなたの継続した支援と導きを。【依頼(の応用)】

We'd very much appreciate your continued support and guidance.

profile
田村智子 (本名:伊東智子)
Tomoko T. Tamura

日米会話学院「同時通訳科」講師。上智大学公開学習センター講師。フリーランス会議通訳・通訳案内士(ガイド)。上智大学外国語学部英語学科卒業。ミシガン大学大学院言語学修士。

日米会話学院「同時通訳科」で「日英同時通訳(日本語から英語への同時通訳)」を担当し、「官庁企業委託科」で、中央および地方官公庁、民間企業からの派遣生に上級ビジネス英語を指導(「ディベート」「会議・交渉英語」「国際会議の準備・参加・進行・運営」など)。ほか、上智大学公開学習センターでビジネス英語や通訳関連の講座を、またアイ・エス・エス・インスティテュートでも日英通訳を教えている。

母語は日本語だが、主言語として英語を使用。すべての授業は英語で行っている。著書に『同時通訳が頭の中で一瞬でやっている英訳術リプロセシング』(三修社)『アメリカでホームステイする英語』(南雲堂)などがある。

担当講座詳細:
http://www.nichibei.ac.jp/program/interpreter.html
http://www.sophia.ac.jp/
http://www.issnet.co.jp

同時通訳が頭の中で一瞬でやっている英訳術リプロセシングドリル

2011年5月20日 第1刷発行

著 者	田村智子
発行者	前田俊秀
発行所	株式会社 三修社
	〒150-0001 東京都渋谷区神宮前2-2-22
	TEL:03-3405-4511
	FAX:03-3405-4522
	振替:00190-9-72758
	http://www.sanshusha.co.jp
	編集担当 安田美佳子
印刷・製本	萩原印刷株式会社

©Tomoko Tamura 2011 Printed in Japan
ISBN978-4-384-05653-2 C2082

Ⓡ〈日本複写権センター委託出版物〉
本書を無断で複写複製(コピー)することは、著作権法上の例外を除き、禁じられています。
本書をコピーされる場合は、事前に日本複写権センター(JRRC)の許諾を受けてください。
JRRC http://www.jrrc.or.jp
eメール:info@jrrc.or.jp
電話:03-3401-2382

デザイン:間野成

好評発売中

同時通訳が頭の中で一瞬でやっている英訳術リプロセシング

田村智子 著

ではそういうことで、一つよろしくお願いいたします。

reprocessing

ありがとうございます。どうか本件がうまくいくといいですね。

Thank you very much, and let's hope things will work out successfully.

SANSHUSHA

『同時通訳が頭の中で一瞬でやっている英訳術リプロセシング』

田村智子 著
定価1,365円(税込)　ISBN978-4-384-05569-6